सम्राट पृथ्वीराज चौहान

मिताली श्रीवास्तव

ट्रू साइन

प्रकाशक : ट्रू साइन पब्लिशिंग हाउस
पता : SY.N0.21/2 & 21/3, सोननहल्ली,
कृष्णराजपुरा, बेंगलुरु, कर्नाटक - 560049 भारत
ईमेल : truesignbooks@gmail.com
वेबसाइट : www.truesign.in

सम्राट पृथ्वीराज चौहान
लेखिका: मिताली श्रीवास्तव

ISBN: 978-93-5584-633-4

संस्करण: 2023

विषय सूचि

सम्राट पृथ्वीराज चौहान का जीवन परिचय

सम्राट पृथ्वीराज चौहान का जीवन परिचय

भारत का अंतिम हिन्दू शासक

भारत भूमि में कई पराक्रमी राजाओ ने जन्म लिया है। इसी भारत-भूमि में, एक ऐसे योद्धा ने जन्म लिया जिनके हौसले बुलंद थे। जिनकी भुजाओं में असीम ताकत थी। जिनका हृदय बहुत विशाल था। यह एक ऐसे शूरवीर योद्धा थे। जिनके साहस और पराक्रम के किस्से, भारतीय इतिहास के पन्नों पर, स्वर्णिम अक्षरों में लिखे गए हैं।

वे एक आकर्षक, कद-काठी वाले योद्धा थे। जो सभी सैन्य विद्याओं में निपुण थे। इन्होंने अपने अद्भुत साहस से, दुश्मनों को धूल चटाई थी। इनकी वीरता का अंदाजा, इसी बात से लगाया जा सकता है कि जब मोहम्मद गोरी द्वारा, उन्हें बंधक बना लिया गया, उनसे उनकी आंखों की रोशनी भी छीन ली गई। तब भी उन्होंने मोहम्मद गोरी के दरबार में ही, उसे मार गिराया था।

सम्राट पृथ्वीराज चौहान के बारे में दर्ज जानकारियां प्राचीन शिलालेखों और तत्कालीन दरबारी दार्शनिकों, लेखकों के द्वारा लिखे गए दस्तावेजों और इतिहास की किताबों में बहुत कुछ वर्णित है, लेकिन 'पृथ्वीराज रासो' किताब को इतिहासकारों के अनुसार सबसे विश्वसनीय और सटीक माना जाता है क्योंकि 'पृथ्वीराज रासो' की रचना सम्राट पृथ्वीराज चौहान के बचपन के मित्र चंदबरदाई ने की थी। यदि आप सम्राट पृथ्वीराज चौहान को अच्छी तरह से जानना और समझना चाहते हैं तो आपको 'पृथ्वीराज रासो' किताब जरूर पढ़नी चाहिए।

आज मैं आप सबसे अपनी एक बात शेयर करना चाहूँगी कि जब मैं नौवीं कक्षा में थी, तब मैंने एक शो देखा था। उस शो में सम्राट पृथ्वीराज चौहान के बारे में विस्तार से दिखाया गया था। शायद आप सब में से कुछ लोग उस शो के बारे में जानते होंगे और कुछ लोगों ने उस शो को देखा भी होगा। उस शो का नाम था 'धरती का वीर योद्धा पृथ्वीराज चौहान'।

उस शो से ही मुझे सम्राट पृथ्वीराज चौहान के बारे में जानने का मौका मिला। मैंने उस शो के बारे में अपने दोस्तों को भी बताया। उसी समय से मैं सम्राट पृथ्वीराज चौहान के व्यक्तित्व से बहुत प्रभावित थी, तो मैंने सोचा कि क्यों ना आप सबको भी महान सम्राट पृथ्वीराज चौहान के व्यक्तित्व से अवगत कराया जाये।

मुझे लगता है कि आप में से बहुत से लोग ऐसे होंगे जिन्हें उनके जीवन के कुछ पहलुओं या बेहतरीन लम्हों को छोड़कर बहुत ज्यादा कुछ नहीं पता होगा। मैंने यहाँ पर उनके हर पहलू के बारे में बताने की कोशिश की है ताकि आप सबको अपने महान सम्राट पृथ्वीराज चौहान जी बारे में विस्तार से जानने का मौका मिले।

पृथ्वीराज चौहान के समय की कुछ खास जानकारी नहीं मिलती है। चंदबरदाई को छोड़ दें तो बहुत से इतिहासकारों के अपने-अपने अलग-अलग मत हैं। पृथ्वीराज चौहान भारतीय इतिहास में एक बहुत ही अविस्मरणीय नाम है।

चौहान वंश में जन्मे सम्राट पृथ्वीराज आखिरी हिन्दू शासक भी थे। वे राजनीति का शिकार हुये और अपनी रियासत हार बैठे, परंतु उनकी हार के बाद कोई हिन्दू शासक उनकी कमी पूरी नहीं कर पाया।

सम्राट पृथ्वीराज चौहान जैसे महान राजाओं का जीवन हम सभी के लिए प्रेरणा का स्रोत है और देश के हर एक नागरिक को उनके बारे में जानना चाहिए इसलिए हमने यहां सम्राट पृथ्वीराज चौहान के जीवन से संबंधित बहुत-सी घटनाओं का समावेश करते हुए उनके जीवन के बारे में बताया है।

मुस्लिम इतिहासकारों ने मुहम्मद गोरी से युद्ध के अतिरिक्त और कोई भी बात नहीं लिखी है। 'पृथ्वीराज रासो' में उनकी मौत के बारे में लिखा गया है कि तराइन के दूसरे युद्ध में उन्हें बंदी बना लिया गया और उन्हें गजनी ले जाया गया और वहां उन पर बहुत बुरी तरह से जुल्म ढाहे गए, जिसके बारे में आप आगे विस्तार से पढ़ेंगे।

हमारे इतिहास में दिल्ली हमेशा से ही महत्वपूर्ण रही है। हर शासक यहीं राज करना चाहता था। मुगल शासन काल से पहले, इस गद्दी पर बैठने वाले अंतिम हिंदू राजा पृथ्वीराज चौहान थे। तो आइये जानते हैं, इतिहास के इस महान योद्धा के बारे में।

चौहान वंश का उदय

जब सम्राट अशोक के वंशजों का शासन था। उस समय आगोह पर्वत पर, ऋषि मुनि रहा करते थे। यह कन्नौज के ब्राह्मण थे। उनका जीवन शांतिपूर्ण था। भगवान की तपस्या करते और शांति से, अपने आश्रम में रहा करते थे। लेकिन असुर उन ऋषि-मुनियों को बहुत परेशान करते थे।

असुर उनके यज्ञ को खंडित करते रहते थे। तब उन्होंने असुरों से अपनी रक्षा के लिए, एक महायज्ञ का आयोजन किया। उस अग्निकुंड से, चार क्षत्रिय वीर पैदा हुए। उन्हीं 4 वीरों के वंशज आगे चलकर परिहार, परमार, सोलंकी और चौहान कहलाए।

कई शिलालेखों से प्रमाण मिलता है कि चौहान सूर्यवंशी थे, जबकि कुछ किताबों में लिखा है कि वह अग्निवंशी थे। चौहान क्षत्रिय वंश के संस्थापक, राजा वासुदेव चौहान थे। यह समय छठवीं शताब्दी का था। इतिहासकारों के अनुसार, चौहान वंश के लोग, जयपुर के पास सांभर और आमेर शहर में निवास करते थे।

इसके साथ ही अजमेर जिले के पुष्कर में चौहान वंशीय रहा करते थे। चौहानों की बहुत-सी पीढ़ियां शासन करती रहीं। सामंतराज (684 ई.-709ई.), नारादेव (709ई. -721ई.), अजयराज-I ने (721ई. - 734ई. तक) शासन किया। राजा अजयराज प्रथम ने ही अजमेर को बसाया था।

चौहान राजाओं का शासन काल लंबे समय तक चला। 11वीं ईस्वी में अजमेर के राज सिंहासन पर सोमेश्वर चौहान बैठे। यह बहुत ही पराक्रमी और शूरवीर राजा थे।

सम्राट पृथ्वीराज चौहान का प्रारम्भिक जीवन

भारतीय इतिहास के सबसे महान और साहसी योद्धा सम्राट पृथ्वीराज चौहान थे। जिनका जन्म चौहान वंश के क्षत्रिय शासक राजा सोमेश्वर और कर्पूरादेवी के घर हुआ। इनका जन्म 1 जून 1163 ईस्वी में गुजरात के पाटन नामक स्थान के पतंग गाँव में हुआ था।

कर्पूरादेवी दिल्ली के अनंगपाल तोमर की कनिष्ठ कन्या थी। पृथ्वीराज के पिता सोमेश्वर चौहान की राजधानी अजमेर नगरी थी जो कि उस समय अपने वैभव और कृति से सोमेश्वर राज चौहान की छत्रछाया में सुसज्जित थी।

उस समय सोमेश्वर चौहान की वीरता की कहानी दूर-दूर तक फैली हुई थी, उनकी वीरता की गाथा को सुनकर दिल्ली के महाराज अनंगपाल ने, उनके और कम्ध्यज्ज्य के बीच हो रहे युद्ध में उन्हें आने का आमंत्रण दिया, कन्नौज के राजा विजयपाल ने भी इस युद्ध में अनंगपाल का साथ दिया, तीनो ने एक साथ युद्ध लड़कर विजय हासिल की। इससे दिल्ली के महाराज अनंगपाल इतने खुश हुए कि अपनी छोटी बेटी कर्पूरादेवी का विवाह अजमेर के महाराजा सोमेश्वर से तय कर दिया।

अनंगपाल की दूसरी पुत्री रूप सुंदरी का विवाह, कन्नौज के राजा विजयपाल से हुआ था। दोनों बहनों में बहुत स्नेह था। राजा सोमेश्वर और राजा विजयपाल भी रिश्तेदार बन गए। विजयपाल के पुत्र राजा जयचंद्र थे।

ये तीनों राज्य अपने वैभव के साथ अब फलने-फूलने लगे थे। अब जब कभी अजमेर पर विपदा आती तो कन्नौज के राजा विजयपाल महाराज सोमेश्वर का साथ देते। एक बार यवन की सेना ने अजमेर पर हमला कर दिया और विजयपाल ने इस संकट की घड़ी में उनका साथ दिया और दुर्भाग्यवश महाराज विजयपाल की मौत हो गयी। इसके फलस्वरूप उनके बेटे जयचंद को कन्नौज का राजा बना दिया गया।

पृथ्वीराज के एक छोटे भाई का नाम हरिराज और छोटी बहन का नाम पृथा था। इतिहासकारों का मानना है कि सम्राट पृथ्वीराज चौहान की कोई पुत्री नहीं थी लेकिन उनका एक पुत्र था जिसका नाम गोविंदराज था।

सोमेश्वर चौहान ने अपने पुत्र के नामकरण और भविष्यफल को जानने हेतु राज्य भर के विद्वानों को दरबार में बुलाया, जहाँ विद्वानों ने सोमेश्वर चौहान के पुत्र का नाम 'पृथ्वीराज' रखा।

'पृथ्वीराज विजय' महाकाव्य में नामकरण का उल्लेख प्राप्त है:

"पृथ्वी पवित्रतान्नेतुं राजशब्दं कृतार्थताम्।
चतुर्वर्णधनं नाम पृथ्वीराज इति व्यधात्॥"

पृथ्वी को पवित्र करने के लिए और 'राज' शब्द को सार्थक बनाने के लिए इस राजकुमार का नामकरण 'पृथ्वीराज' किया गया है। 'पृथ्वीराज रासो' काव्य में भी नामकरण का वर्णन करते हुए चंदबरदाई लिखते हैं:

"यह लहै द्रव्य पर हरै भूमि।
सुख लहै अंग जब होई झूमि॥"

विद्वानों ने पृथ्वीराज चौहान के भविष्यफल के बारे में बताया कि हे राजन! आपका पुत्र आगे चलकर एक प्रभावी यशस्वी सम्राट बनेगा।

पृथ्वीराज को राय पिथौरा भी कहा जाता था। ऐसा कहा जाता है कि वह अपने माता-पिता की शादी के कई सालों बाद, काफी पूजा-पाठ और मन्नतें मांगने के बाद जन्मे थे। वहीं उनके जन्म के समय से ही, उनकी मृत्यु को लेकर, राजा सोमेश्वर के राज्य में षड्यंत्र रचे जाने लगे। लेकिन उन्होंने अपने दुश्मनों की हर साजिश को नाकाम कर दिया। वे अपने कर्तव्य

पथ पर आगे बढ़ते चले गए। राजघराने में पैदा होने की वजह से ही, पृथ्वीराज चौहान का पालन-पोषण काफी सुख-सुविधाओं से परिपूर्ण हुआ अर्थात वैभवपूर्ण वातावरण में हुआ था।

सम्राट पृथ्वीराज चौहान की शिक्षा

पृथ्वीराज चौहान ने अपनी प्रारंभिक शिक्षा राजस्थान के अजमेर में स्थित सरस्वती कंठाभरण विद्यापीठ से प्राप्त की थी। वर्तमान में यह विद्यापीठ 'अढ़ाई दिन का झोंपड़ा' जो कि एक 'मस्जिद' है के एक ऐतिहासिक स्थल के रूप में स्थित है।

उस समय राजकुमारों को शिक्षा प्राप्त करने के लिए गुरुकुल भेजा जाता था और वहां पर उन्हें युद्ध निति और राज पाठ के बारे में सिखाया जाता था। पृथ्वी के गुरु का नाम श्रीराम था। आरम्भ से ही पृथ्वीराज चौहान ने अपनी प्रतिभा का लोहा मनवा लिया था। इन्होंने अपने गुरु श्रीराम से बहुत सारी शिक्षा प्राप्त की थी।

पृथ्वीराज ने अपने युद्ध और शस्त्र विद्या, अपने गुरु श्रीराम जी से प्राप्त की थी। इतिहासकारों का मानना है कि इस विद्यापीठ में अपने छोटे भाई हरिराज के साथ रहते हुए लगभग छह भाषाओं का ज्ञान प्राप्त किया था।

पृथ्वीराज को संस्कृत, प्राकृत, मगधी, पैशाचिक, शौर और अपभ्रंश भाषाओं का ज्ञान था। इसके अलावा विद्यापीठ में रहते हुए अपनी परम्परागत शिक्षा के साथ वेदांत, पुराण, इतिहास, सैन्य विज्ञान, मीमांसा और चिकित्सा आदि की शिक्षा प्राप्त की।

पृथ्वीराज चौहान संगीत और चित्रकला भी में रुचि रखते थे। उन्होंने अपने परम मित्र और राज कवि चंदबरदाई से अपना एक चित्र भी बनवाया था।

पृथ्वीराज बचपन से ही बेहद साहसी, पराक्रमी और युद्ध कला में निपुण थे। पृथ्वीराज चौहान का बाल्य जीवन समाप्त होते-होते उनके इस तरह की कई वीरगाथाओं के कारण, उनका नाम चारों दिशाओं में गूंजने लगा था।

सम्राट पृथ्वीराज चौहान और शब्दभेदी बाण

कहते हैं जैसे रामायण में भगवान श्री राम के पिता राजा दशरथ शब्दभेदी बाण चलाना जानते थे, ठीक उसी तरह पृथ्वीराज को भी शब्दभेदी बाण चलाने का ज्ञान था। बहुत ही कम उम्र में ही पृथ्वीराज चौहान शब्दभेदी बाण चलाने में पारंगत हो गए थे। जिसमें वह बिना देखे, आवाज के आधार पर, बाण चला सकते थे। सम्राट पृथ्वीराज चौहान सटीक निशाना लगा सकते थे। वह सिर्फ तीर चलाने में ही माहिर नहीं थे बल्कि तलवार और भाला चलाने में भी, उनका कोई जवाब नहीं था।

एक बार की बात है कि एक शेर ने, उन पर हमला कर दिया। उस समय पृथ्वीराज चौहान अकेले थे। उनके पास कोई हथियार भी नहीं था। लेकिन फिर भी,

वह निहत्थे ही शेर से लड़े। अंत में, उन्होंने शेर का जबड़ा फाड़ दिया, इससे पता चलता है कि वह कितने बहादुर थे।

पृथ्वीराज चौहान के गुरु श्री राम जी ने बचपन से ही उनका युद्ध कौशल और रणनीति देखकर यह भविष्यवाणी भी कर दी थी कि पृथ्वीराज चौहान का नाम भविष्य में स्वर्ण अक्षरों से लिखा जायेगा।

सम्राट पृथ्वीराज चौहान और उनके मित्र

पृथ्वीराज चौहान के बचपन के दोस्त थे- अर्जुन, पुंडीर, चन्दर (जो आगे चलकर चंदबरदाई कहलाये), निठुर्रय, जैतसिंह, कविचंद्र, दहिराम्भराय, हरसिंह पंज्जुराय, सरंगराय, कन्हाराय, सखुली, संजम राय इत्यादि के साथ पृथ्वीराज चौहान हमेशा शूरता के ही खेल खेला करते थे। उनमें से कुछ आमुक टिल्हे को अमुक गढ़ मानकर वे उनकी रक्षा करते थे और उनमें से कुछ उनको लूटते थे, अक्सर वे ऐसा ही खेल खेला करते थे।

सम्राट पृथ्वीराज चौहान और राजा भीमदेव

पृथ्वीराज चौहान के पिता सोमेश्वर चौहान जैसे वीर थे वैसे ही वे राजनीति भी थे, हालाँकि उनका राज्य केवल अजमेर तक था पर उन्होंने अपनी राज्य सीमा इतनी बढ़ा ली थी कि उनकी सीमा गुजरात से जा मिली थी।

गुजरात के राजा भीमदेव सोलंकी को उनका राज्य विस्तार अच्छा नहीं लगता था इसलिए वह उनसे अन्दर ही अन्दर ईर्ष्या करता था, जिसमें पृथ्वीराज की वीरता की कहानी ने घी का काम किया।

पृथ्वीराज चौहान कभी-कभी शिकार खेलते-खेलते गुजरात की सीमा तक जा पहुँच जाते थे, भीमदेव ने तो अपने जासूसों को उन्हें पकड़कर मार डालने की आज्ञा भी दे रखी थी पर वे सदा ही उनसे बचते चले आये।

पृथ्वीराज चौहान जब गुरुकुल में थे तब भीमदेव ने अजमेर पर हमला कर दिया लेकिन उसे सोमेश्वर जी के हाथों मुंह की खानी पड़ी। महाराज सोमेश्वर इस बार भी विजयी रहे।

महाराज सोमेश्वर से युद्ध में हार जाने के बावजूद भी भीमदेव अपना राज चाहता था, इसके लिए उसने कई चालें भी चलीं जिसके बारे में मैंने आगे बताया है।

भीमदेव ने अजमेर की तरफ दोस्ती का हाथ बढ़ाया, पृथ्वीराज के मना करने पर भी सोमेश्वर जी ने उन्हें बताया कि यह राजनीति है, आप अपने महाराज पर

भरोसा रखें, अब भीमदेव राजमहल तक आ गया और पीछे से एक गुप्त भेदिया भी ले आया था, उसके जाने के बाद वह भेदिया अजमेर का राजश्री मोहर चुरा कर ले गया, भीमदेव उस राजश्री मोहर का इस्तेमाल वहां का कर बढ़ाकर, वहां की प्रजा को अपने राजा के विरुद्ध करना चाहता था पर जैसे ही पृथ्वीराज को यह बात पता चली उसने अपने वीर राजपूत दोस्तों पुंडीर, संजम राय, चंदबरदाई, अर्जुन आदि के साथ गुजरात की ओर चल दिए। वहां पर अपनी वीरता और बुद्धिमानी का बखूबी प्रदर्शन कर वह राजश्री मुहर अजमेर वापस लाये।

एक बार फिर से गुजरात के राजा भीमदेव सोलंकी ने महाराज सोमेश्वर चौहान और पृथ्वीराज से बदला लेने के उद्देश्य से षड्यंत्र रचा। वह चाहता था कि अजमेर की प्रजा का विश्वास उनके राजा से हट जाये और इस बात का फायदा उठा कर वह अजमेर पर हमला कर देगा।

अपने उद्देश्य को अंजाम देने के लिए उसने अजमेर के प्रसिद्ध कोटेश्वर मंदिर के सोने का शिवलिंग चुराने का प्रयत्न किया पर पृथ्वीराज चौहान ने अपनी वीरता से उस शिवलिंग को बचाया और उसके आदमियों को ऐसा जवाब दिया कि भीमदेव को मुंह के बल गिरना पड़ा। अब उसका गुस्सा सातवें आसमान में जा पहुंचा था।

महाराज सोमेश्वर की मृत्यु

भीमदेव का एक भाई था सारंगदेव और सारंगदेव के आठ पुत्र थे। जब सबसे बड़ा बेटा प्रताप सिंह पिता की गद्दी पर बैठा तो इसे देखकर भीमदेव बहुत अप्रसन्न हुआ। इसका परिणाम यह हुआ कि प्रताप सिंह अपने सातों भाइयों को अपने साथ मिलाकर भीमदेव का खुलकर विरोधी बन गया और राज्य में लूट-मार मचाने लगा, अंत में भीमदेव ने इन्हें रोकने के लिए अपनी सेना से काम लेना शुरू किया। अब दोनों पक्ष एक दूसरे को हानि पहुंचाने का काम करने लगे।

एक बार भीमदेव की सेना एक नदी के किनारे पड़ाव डाले हुई थी। भीमदेव का फीलवान उनके हठी को लेकर नदी में स्नान करवाने ले गया था। प्रताप सिंह के भाइयों ने फीलवान और उसके हाथियों को वहीं मार डाला। इससे भीमदेव ने उनके साथ बहुत बुरा व्यवहार किया। अपने साथ हुए इस दुर्व्यवहार के कारण उन लोगों ने इस राज्य में और रुकना ठीक नहीं समझा और सातों भाई पृथ्वीराज चौहान के दरबार में चले गए।

शरणागत के प्रतिपालन से एक राजपूत कभी मुंह नहीं मोड़ सकते इसलिए उन्होंने उन्हें दरबार में ही रख लिया। पृथ्वीराज ने उन्हें वहां रख तो लिया पर उनका

वहां निर्वाह नहीं हो पाया, केवल मूंछ पर ताव देने पर कान्हा ने उन सातों भाइयों का सर काट दिया। कान्हा के इस व्यवहार से पृथ्वीराज चौहान बहुत दुखित हुए पर वे इतने साहसी और वीर योद्धा को खो नहीं सकते थे।

अब इस कारण से कान्हा सात दिन तक दरबार में नहीं आये लेकिन पृथ्वीराज चौहान ने उन्हें दरबार में बुला कर कान्हा के आंख में पट्टी बाँध दी ताकि वह किसी और को मूंछ पर ताव देते हुए न देख सके।

जब भीमदेव के पास प्रताप सिंह के सातों भाइयों की मौत की खबर मिली तब यह ईर्ष्या की आग और भी धधक उठी, अब उसे पृथ्वीराज को नीचा दिखाने का एक अवसर मिल गया था, भीमदेव ने अजमेर पर हमला करने की सोची, पर वर्षा ऋतु के शुरू हो जाने के कारण वह ऐसा कर न सका।

गुजरात का राजा भीमदेव बहुत ही पराक्रमी था। उसने अपनी पत्नी की सहेली चन्द्रावती से आबू की राजा इच्छन कुमारी की चर्चा सुनी थी। अब उन्होंने उससे शादी करने की ठान ली।

उसने राजा सलख को उसकी पुत्री से विवाह करने के लिए पत्र लिख दिया पर पत्र इतने गर्वित शब्दों में लिखा गया था कि राजा सलख ने इसे अपना अपमान समझा और बड़े ही नम्र अक्षरों में लिखा कि वे उनकी पुत्री का विवाह पृथ्वीराज से तय कर चुके हैं। आपको इस विषय में जिद नहीं करनी चाहिए।

बातों ही बातों में बात इतनी ज्यादा बढ़ गयी कि भीमदेव बहुत क्रोधित हो गया। वह राजा सलख को डरा धमका कर चला गया। उसके जाते ही राजा सलख ने सोमेश्वर को सारी बातें बता दीं और यह भी लिखवा कर भेजवा दिया कि शादी जल्द से जल्द हो जानी चाहिए।

उस समय पृथ्वीराज दिल्ली में अपने नाना जी के पास थे, इधर भीमदेव ने पृथ्वीराज को पत्र लिख कर समझाना चाहा कि वह उनके और इच्छन कुमारी के रास्ते से हट जाए, इधर उसने यह पत्र पृथ्वीराज को लिखा और एक तरफ उसने अपने अधीन राजाओं के साथ मिलकर आबू पर आक्रमण कर दिया।

राजा सलख पहले से ही सावधान था। उन दोनों राज्यों में बहुत देर तक युद्ध हुआ, परन्तु सारे सरदारों के साथ राजा सलख मारा गया। और इस तरह से आबू पर भीमदेव का अधिकार हुआ।

भीमदेव पृथ्वीराज के बढ़ते पराक्रम से बहुत ही दुखी था, वह पृथ्वीराज चौहान पर आक्रमण करने की सोच रहा था। जब यह बात पृथ्वीराज के कानों तक पहुंची तब उन्होंने अपने सब सामंतों को एकत्र किया और युद्धनीति बनाने लगे, इसी समय

लोहाना पांच हज़ार सैनिक लेकर अजमेर आ पहुंचे। चामुन्द्राय, जयतव राय, देवराय बग्ग्री सभी ने अपनी युद्ध की सहमति दिखाई।

पृथ्वीराज चौहान ने अपनी सेना को दो भागों में बांटा, एक का सेनापति कैमाश को नियुक्त किया और दूसरे की बागडोर खुद के हाथों में रखी।

अब वे युद्ध के लिए निकल पड़े। पृथ्वीराज की सेना ने भीमदेव की सेना पर इस वेग से आक्रमण किया कि भीमदेव के सेना की पाँव उखड़ गए। उन्हें आबू छोड़कर भागना पड़ा और इस तरह से आबू पर पृथ्वीराज चौहान का अधिकार हो गया।

चंदबरदाई के अनुसार यह युद्ध विक्रम सम्वत 1164 में आधी रात के समय हुआ था। इसमें दोनों ओर से 16000 सेना मारी गयी थी। 13000 भीमदेव की और 3000 पृथ्वीराज की।

भीमदेव बार-बार पृथ्वीराज से अपमानित होने के कारण उत्तेजित हो रहा था, जब उससे रहा न गया तो अपने सभी अधीन राजाओं और सामंतों के साथ मिलकर अजमेर पर धावा बोल दिया। जब यह समाचार सोमेश्वर जी के कानों तक जा पहुंचा तब उनसे रहा न गया और एक वीर पुरुष के भांति उन्होंने भी युद्ध का आमंत्रण दिया।

इस युद्ध में जयचंद ने अजमेर का साथ नहीं दिया क्योंकि पृथ्वीराज के बढ़ते पराक्रम को देखकर दिल्ली के महाराज अनंगपाल ने सोमेश्वर जी के सामने यह प्रस्ताव रखा था कि पृथ्वीराज को दिल्ली का महाराज बना दिया जाए, इससे कन्नौज के राजा बहुत अप्रसन्न हुए थे क्योंकि बड़े नाती होने के कारण दिल्ली पर पहले उनका अधिकार था, पर उन्होंने पृथ्वीराज को चुना था।

उस समय पृथ्वीराज अजमेर में नहीं थे इसलिए सोमेश्वर राज चौहान अपने वीर राजपूतों के साथ भीमदेव का मुकाबला करने चल दिए, उन्होंने उसे रोकना चाहा, बहुत भयानक युद्ध हुआ पर अंत में तीन सौ सैनिकों के साथ सोमेश्वर राज चौहान भी मारे गए।

सम्राट पृथ्वीराज चौहान की दृढ़ प्रतिज्ञा

जब महाराज सोमेश्वर की मृत्यु का समाचार पृथ्वीराज के पास पहुंचा तो वह क्रोध से अधीर हो गए और उसी समय उन्होंने यह प्रतिज्ञा ली कि जब तक वे भीमदेव से इसका बदला नहीं लेंगे तब तक वे किसी तरह के राजसुख को हाथ नहीं लगायेंगे।

पृथ्वीराज ने गुजरात पर आक्रमण करने की अनुमति दे दी पर सामंतों ने उन्हें समझाया कि पहले आपका अजमेर में राज्याभिषेक हो जाना चाहिए, पृथ्वीराज ने उनकी बात मान ली, भीमदेव दांत पीस कर ही रह गया क्योंकि उसके इतने कोशिश

करने पर भी वह अजमेर को हासिल न कर पाया। पृथ्वीराज का राजतिलक इधर हो गया।

सोमेश्वर राज की मृत्यु के बाद से ही पृथ्वीराज बहुत ही अधीर हो रहे थे। उनके दिल में कांटा सा चुभने लगा। कुछ दिन सोच-विचार करने के बाद उन्होंने भीमदेव पर आक्रमण करने का फैसला किया। पृथ्वीराज अपनी सेना लेकर गुजरात की सीमा पर आ पहुंचा, भीमदेव के दूतों ने उन्हें खबर दी कि पृथ्वीराज अपनी 64000 सेना लेकर गुजरात पर आक्रमण करने आया है।

यह समाचार सुनकर भीमदेव तुरंत ही एक लाख की सेना एकत्र कर पृथ्वीराज से युद्ध करने निकल पड़ा। पृथ्वीराज की सेना कुछ दूर रह गयी थी उन्होंने चंदबरदाई को एक लाल पगड़ी और एक चोली देकर भीमदेव के पास भेज दिया और यह कहलवा दिया कि अगर वह चोली पहन कर युद्ध मैदान में आकर पृथ्वीराज के सामने घुटने टेके तो ही उसके प्राण बच सकते हैं अन्यथा वह यह लाल पगड़ी बांध कर युद्ध मैदान में आ जाये।

चंदबरदाई ने चलते समय एक खेल खेला, उसने अपने गले में एक जाल, हाथ में एक कुदाल, दूसरे हाथ में दीपक, और एक सीढ़ी लेकर भीमदेव के इलाके पट्टनपुर पहुंचा, इसे देखकर हजारों की भीड़ उसके साथ हो ली, वह अब राज दरबार पहुंचा, भीमदेव चंदबरदाई को पहचानता था। उसे देखते ही उसने पूछा, कहो चाँद ये कैसा स्वांग रचे हो ? चंद ने कहा पृथ्वी कहता है कि अगर तुम उसके डर से आकाश में छिप जाओगे तो वह तुम्हें इस सीढ़ी से ढूंढ कर मार डालेगा, अगर तुम उसके डर से समुन्द्र की गहराई में छिप जाओगे तो वह तुम्हें इस जाल से पकड़ लेगा, अगर जमीन में छुप जाओगे तो कुदाल से खोद कर निकालेगा, अगर तुम उसके डर से कहीं अँधेरे में छिप जाओगे तो वह दीये से खोज निकलेगा, अगर तुम्हें अपनी जान प्यारी है तो यह चोली पहन कर युद्ध में आ जाओ या फिर यह लाल पगड़ी बाँध कर युद्ध के मैदान में आ जाओ।

भीमदेव यह सुनकर बहुत क्रोधित हुआ और चाँद को वहीं मार देना चाहा पर अपने राजपूत गुण के कारण किसी कवि पर हाथ उठाना सही नहीं समझा। उसने युद्ध की आज्ञा दे दी, इधर पृथ्वीराज तैयार थे ही।

आज के युद्ध में निठुराय को सेनापति बनाया गया, और कान्हा की आंख की पट्टी भी खोल दी गयी। उसकी आँख की पट्टी खुलते ही वह अपने शतु पर टूट पड़ा और इस वेग से आक्रमण किया कि दुश्मन के पांव उखड़ने लगे और उधर उसका सामना करने के लिए मकवाना का पुत्र आगे बढ़ा, और कान्हा के हाथों मारा गया।

मकवाना के पुत्र के मरते ही भीमदेव की सेना थोड़ा दब गयी पर युद्ध बंद नहीं हुआ, इसी समय सारंगराय ने जोर से आक्रमण किया और चौहान सेना के दांत खट्टे करने लगा, यह देख कर पृथ्वीराज चौहान स्वयं घोड़े पर बैठ कर युद्ध करने लगे।

पृथ्वीराज चौहान के युद्ध मैदान में आते ही चौहान सेना में फिर से वही जोश आ गया और भीमदेव की सेना को पीछे धकेलने लगी, संध्या का समय होने लगा और बहुत सारे वीर दोनों दलों के मारे जाने लगे। इसी समय भीमदेव का सामना पृथ्वीराज से हो गया, दोनों दलों की सेना की तलवार की गूंज से सारा माहौल थर्रा उठा।

भीमदेव पर पृथ्वीराज ने एकाएक ऐसा वार किया कि उसका सिर दूर जाकर गिर गया। भीमदेव की मरते ही चारों ओर पृथ्वीराज की जयजयकार होने लगी। सारी गुर्जर सेना पट्टनपूरी की ओर भागने लगी, इस युद्ध में पृथ्वीराज की ओर से 1500 घुड़सवार, पांच सौ हाथी, और पांच हज़ार सिपाही काम आये।

इसके बाद पृथ्वीराज ने भीमदेव के पुत्र वनराज को गुजरात की गद्दी पर बिठाया और खुद वहां से अजमेर की ओर लौट आये। इस तरह से पृथ्वीराज ने अपने पिता की मौत का बदला लिया और अपनी प्रतिज्ञा पूरी की।

13 वर्ष की उम्र में बने पृथ्वीराज राजा

जब पृथ्वीराज चौहान मात्र 13 वर्ष की अल्प आयु में थे, तभी उनके पिता सोमेश्वर चौहान का निधन हो गया। जिसके बाद पृथ्वीराज को उत्तराधिकारी के रूप में अजमेर राज्य की गद्दी पर बिठाया गया। हालाँकि पृथ्वीराज की उम्र कम थी लेकिन फिर भी उन्होंने अपने राजा होने के कर्तव्यों का अच्छी तरह से निर्वहन किया।

सम्राट पृथ्वीराज चौहान का दिल्ली पर उत्तराधिकार

अजमेर की महारानी कर्पुरीदेवी अपने पिता महाराजा अनंगपाल की इकलौती संतान थी, इसलिए महाराजा अनंगपाल को हर दिन यही चिंता खाए जाती थी, उनकी मृत्यु के पश्चात उनका शासन कौन संभालेगा।

महाराजा अनंगपाल ने पृथ्वीराज की वीरता और बहादुरी के किस्से भी दिल्ली में बहुत सुने थे। वे जानते थे कि पृथ्वीराज दिल्ली की गद्दी को सँभालने के लिए एक योग्य उत्तराधिकारी साबित होंगे।

इस प्रकार विचार करते हुए उन्होंने एक दिन अपनी बेटी और अपने दामाद के सामने अपने दौहित्र को राज्य का शासन भार देने की इच्छा जाहिर की।

महाराजा अनंगपाल ने कहा कि वे पृथ्वीराज को अपना उत्तराधिकारी बनाना

चाहते हैं। और इस प्रकार इन तीनों की सहमति से पृथ्वीराज चौहान को उत्तराधिकारी बना दिया गया।

सन 1166 में महाराज अनंगपाल की मृत्यु के पश्चात पृथ्वीराज चौहान का दिल्ली की गद्दी के लिए राज्याभिषेक किया गया और उन्हें दिल्ली का कार्यभार सौंपा गया।

पृथ्वीराज ने कुशलतापूर्वक दिल्ली की सत्ता संभाली। एक आदर्श शासक के तौर पर, उन्होंने अपने साम्राज्य को मजबूती देने के लिए कई कार्य किए। इसका विस्तार करने के लिए, कई अभियान भी चलाए। इस तरह वे एक वीर योद्धा और लोकप्रिय शासक के रूप में पहचाने जाने लगे।

खजाने की खोज

चंदबरदाई द्वारा रचित काव्य 'पृथ्वीराज रासो' में लिखा है कि पृथ्वीराज चौहान को एक बहुत बड़ा खजाना हाथ लगा था जिसे निकालने में राजा समरसिंह ने पृथ्वीराज की मदद की थी।

एक बार पृथ्वीराज चौहान दिल्ली से अजमेर जा रहे थे तब उन्हें खट्ट वन में एक सुन्दर सा तालाब दिखा। उस तालाब में एक सुन्दर सी मूर्ति थी।

उस मूर्ति के माथे पर लिखा था- "सिर कटे धन संग्रेहे, सिर सज्जे धन जाए"। यह लिखावट देखकर पृथ्वीराज को बहुत आश्चर्य हुआ, और उन्होंने अपने चतुर मंत्री कैमाश से इसका मतलब पूछा।

कैमाश बहुत ही बुद्धिमान पुरुष था, उसे पता था कि शायद यहाँ खजाना है और इसे निकालने में वक़्त लगेगा, जिससे कि कहीं मोहम्मद गोरी फिर से आक्रमण न कर दे।

उसने उसी समय इसका मतलब समझाते हुए कहा कि यहाँ पर एक खजाना छुपा है अगर आप इसे निकलवाना चाहें तो रावल समरसिंह को बुलावा भेज दें।

कैमाश के कहे अनुसार समरसिंह को बुलाने के लिए पुंडीर एवं अन्य सामंत अनेक प्रकार के उपहार लेकर चित्तौड़ गए।

इधर अपने घर का भेदी धर्मयन ने अपने विश्वासी दूत से मुहम्मद गोरी को यह सन्देश भेजवा दिया कि पृथ्वीराज अभी धन निकालने में लगे हैं, इसलिए आप अभी अपने अपमान का बदला ले सकते हैं।

इधर पुंडीर की प्रार्थना के अनुसार रावल समरसिंह अपनी सेना के साथ आ पहुंचे, और ठीक उसी समय मोहम्मद गोरी भी अपने मुख्य सेनानायकों के साथ आ

पहुंचा, परन्तु कैमाश की बुद्धिमता के अनुसार पहले ही प्रबंध हो चुका था।

पृथ्वीराज चौहान ने आगे बढ़कर मोहम्मद गोरी का सामना किया, क्योंकि वे पहले मोहम्मद गोरी को परास्त कर फिर धन निकालना चाहते थे।

यह युद्ध नागौर के पास ही हुआ था। इधर समरसिंह भी पृथ्वी की मदद करने के लिए पहुँच गए, दोनों योद्धाओं ने जमकर युद्ध किया और मुहम्मद गोरी को फिर से बंदी बना लिया गया।

यह समाचार जब गजनी पहुंचा, तब वहां से मोहम्मद गोरी को मांगने के लिए दूत आया और उसके बहुत प्रार्थना करने पर पृथ्वीराज ने श्रीन्गाहर नामक एक बहुत बढ़िया हाथी और बहुत सा धन देकर, मोहम्मद गोरी को छोड़ दिया और एक बार फिर अपनी वीरता का परिचय दिया।

इसके बाद ही धन निकालने का कार्य फिर से शुरू हुआ, इस बार पृथ्वीराज को बहुत बड़ा खजाना हाथ लग गया, इसका आधा अंश पृथ्वीराज चौहान ने समरसिंह को देना चाहा पर उन्होंने खुद कुछ भी न लेकर, अपने पास में से कुछ और मिलाकर सैनिकों में बंटवा दिया।

सम्राट पृथ्वीराज चौहान की शासन व्यवस्था

सेनापति

1. स्कन्द - ये गुजरात राज्य के नागर ब्राह्मण थे। वे सेनापति के साथ-साथ साम्राज्य के दण्डनायक भी थे।
2. भुन्नेकम्मल्ल - कर्पूरादेवी के चाचा थे।
3. उदयराज
4. उदग - मेडता प्रदेश के सामन्त थे।
5. कतिया - वीकमपुर के मण्डलेश्वर थे।
6. गोविन्द - (ये नरायन के द्वितीय युद्ध में मुहम्मद गोरी द्वारा मारे गए। परन्तु जम्मू से प्राप्त एक शिलालेख में उल्लिखित है कि प्रदेश के नरसिंह नामक राजकुमार ने इनकी हत्या की थी।)
7. गोपालसिंह चौहान - देदरवा-प्रान्त के सामन्त थे।
8. कैमाश दहिया

मन्त्री

1. पं. पद्मनाभ - इनकी अध्यक्षता में अन्य मन्त्री भी थे। पृथ्वीराज विजय महाकाव्य के लेखक जयानक, विद्यापति गौड़, वाशीश्वर जनार्दन, विश्वरूप

और रामभट्ट। रामभट्ट ही चंदबरदाई नाम से प्रसिद्ध हुए। उन्होंने ही पृथ्वीराज रासो काव्य की रचना की थी।

2. प्रतापसिंह - (इसने पृथ्वीराज के साथ द्रोह किया था। पृथ्वीराज को जब मोहम्मद गोरी द्वारा अन्धा किया गया था, तब प्रतापसिंह के साथ मिल कर पृथ्वीराज मोहम्मद गोरी को बाण से मारना चाहते थे। परन्तु इस प्रतापसिंह ने मोहम्मद गोरी को पृथ्वीराज की योजना बता दी।)
3. रामदेव
4. सोमेश्वर

सम्राट पृथ्वीराज चौहान की विशाल सेना

सम्राट पृथ्वीराज खुद तो एक शूरवीर योद्धा थे ही, साथ ही उनकी सेना भी बहुत ज्यादा पराक्रमी होने के साथ साथ अत्यंत विशाल थी।

प्राचीन लेखों के अनुसार पृथ्वीराज की सेना में कुल 300 से भी ज्यादा हाथी थे और इनकी सेना में 3,00000 से भी ज्यादा शूरवीर सैनिक शामिल थे, जो अलग अलग जाति के थे।

कहा जाता है कि उनकी सेना बहुत ही अच्छी तरह से संगठित थी, इसी कारण इस सेना के बूते उन्होंने कई युद्ध जीते और अपने राज्य का विस्तार करते चले गए।

जैसे-जैसे सैन्याभियान में पृथ्वीराज की विजय होती गई, वैसे-वैसे सेना में भी वृद्धि होती गई। परंतु अंत में कुशल घुड़सवारों की कमी और जयचंद की गद्दारी और अन्य राजपूत राजाओं के सहयोग के अभाव में वे मुहम्मद गोरी से तराइन का द्वितीय युद्ध हार गए।

सम्राट पृथ्वीराज चौहान की तलवार का वजन

सम्राट पृथ्वीराज चौहान की तलवार की लंबाई 38 इंच थी। इसका वजन 60 किलोग्राम था। यह तलवार लगभग 790 साल पुरानी धरोहर थी।

सम्राट पृथ्वीराज चौहान की विरासत

अपने चरमोत्कर्ष के दौरान, सम्राट पृथ्वीराज चौहान का साम्राज्य उत्तर में हिमालय की तलहटी से लेकर दक्षिण में माउंट आबू की तलहटी तक फैला हुआ था। बेतवा नदी से लेकर सतलुज नदी तक साम्राज्य का विस्तार हुआ।

वर्तमान समय में इसका मतलब है कि उनके साम्राज्य में वर्तमान राजस्थान, पश्चिमी उत्तर प्रदेश, उत्तरी मध्य प्रदेश और दक्षिणी पंजाब शामिल थे।

सम्राट पृथ्वीराज चौहान की मृत्यु के बाद, उन्हें बड़े पैमाने पर एक शक्तिशाली हिंदू राजा के रूप में चित्रित किया गया था, जो कई वर्षों तक मुस्लिम आक्रमणकारियों को खाड़ी में रखने में सफल रहा था।

मध्ययुगीन भारत में इस्लामी शासन की शुरुआत से पहले उन्हें अक्सर भारतीय शक्ति के प्रतीक के रूप में भी चित्रित किया जाता है।

सम्राट पृथ्वीराज चौहान के समय भारत की तत्कालीन परिस्थितियाँ

सम्राट पृथ्वीराज चौहान का प्रारंभिक काल देश की राजनीतिक उथल-पुथल का समय था। भारत के उत्तर-पश्चिम की ओर से मोहम्मद गोरी के नेतृत्व में मुसलमानों का दवाब बढ़ता जा रहा था।

भारत में एक सबल केन्द्रीय सत्ता का अभाव था। समुचे देश में विविध हिन्दू राजवंशों तथा कुछ प्रदेशों पर मुस्लिम राजवंशों का शासन था।

ये सभी आपसी संघर्ष में डूबे हुए थे। उत्तर-पश्चिम भारत तीन मुस्लिम राज्य-सिंध, मुल्तान और पंजाब में बंटा हुआ था।

उत्तरी भारत में चौहानों के बाद दूसरा शक्तिशाली राज्य 'गहड़वाल' राठौरों का कन्नौज था। वहाँ का शासक जयचंद चौहानों का प्रतिद्वन्द्वी था।

पूर्वी भारत में पालवंश की शक्ति का पतन शुरू हो गया और उनके ही एक सामंत विजयसेन ने बिहार में एक शक्तिशाली स्वतंत्र राज्य स्थापित कर लिया था।

गुजरात में चौहानों के परंपरागत शतु चालुक्यों का शासन था। बुन्देलखण्ड में चंदेलों का शासन था। दक्षिण भारत भी अनेक राज्यों में विभाजित था।

अधिकांश राजपूत शासक हठीले व गर्वशील थे और देश की सुरक्षा के लिए संयुक्त संगठन बनाकर शतु से मोर्चा लेने की बात तो उनके सामर्थ्य से बाहर की बात थी। क्योंकि वे अपने में से किसी एक का नेतृत्व स्वीकार करने की मनोदशा में नहीं थे।

1775 ई. के आस-पास मोहम्मद गोरी ने मुल्तान पर आक्रमण कर उसे अधिकृत कर लिया। इसके बाद उसने उच्च के राज्य को भी जीत लिया।

1178 ई. में मोहम्मद गोरी ने चौहान की सीमा को पारकर गुजरात पर आक्रमण किया। मोहम्मद गोरी के आक्रमण भावी संकट के संकेत दे रहे थे फिर भी भारत के किसी भी शक्तिशाली हिन्दू शासक ने उसके प्रारंभिक आक्रमणों का सही मूल्यांकन करने का प्रयास नहीं किया।

सब ही शासक या तो उदासीन रहे, अथवा उसके आक्रमणों की उपेक्षा करते रहे और अपने पड़ोसियों को परास्त करने की कोशिश में लगे थे।

सम्राट पृथ्वीराज चौहान तथा उसके अधिकारियों ने इस समय मोहम्मद गोरी के विरुद्ध कोई कदम न उठाकर, गम्भीर भूल की, जिसका घातक परिणाम उन्हें बाद में भुगतना पड़ा।

वैसे उस समय सम्राट पृथ्वीराज चौहान के लोगों की नीति सिर्फ चौहान राज्य को अपने पड़ोसी साम्राज्यवादी शासकों से सुरक्षित रखने की थी। उनकी सुरक्षा को सबसे बड़ा खतरा दक्षिण-पश्चिम की तरफ से गुजरात के चालुक्यों से था।

चौहान-चालुक्य वंश एक लम्बे समय से एक-दूसरे को परास्त कर, अपनी प्रभुसत्ता स्थापित करने के प्रयास में लीन थे।

पूर्व की तरफ से कन्नौज के गहड़वालों से भी खतरा बना हुआ था। कन्नौज का तत्कालीन शासक 'जयचंद' बहुत ही महत्त्वाकांक्षी शासक था। वह समूचे उत्तरी भारत को अपने अधिकार में लेने की भावना रखता था।

राजा जयचंद को अपनी उद्देश्य पूर्ति के लिए चौहानों की विस्तारवादी आकांक्षा पर अंकुश लगाना आवश्यक था। दक्षिण-पूर्व में महोबा के चन्देल थे जो चौहान राज्य के क्षेत्रों को हस्तगत करने की ताक में बैठे रहते थे।

सम्राट पृथ्वीराज चौहान को अल्पवयस्क देखकर चौहानों के शतु भण्डानकों ने विद्रोह कर दिया था। अत: उनका दमन करना आवश्यक था। परन्तु इससे भी गंभीर समस्या नागार्जुन ने उत्पन्न कर दी थी।

नागार्जुन विग्रहराज चतुर्थ का पुत्र था। उसने गुड़गाँव पर अधिकार कर लिया था और अब वह सम्राट पृथ्वीराज चौहान से, चौहान सिंहासन छीनने की तैयारी में लगा हुआ था।

इस प्रकार सिंहासन पर बैठते ही अल्पवयस्क पृथ्वीराज चौहान को बाह्य अथवा आन्तरिक दोनों शतुओं से लोहा लेना था। उन्होंने सर्वप्रथम आन्तरिक शतुओं को परास्त कर चौहान राज्यों को एक सूत्र में बांधकर केन्द्रीय शक्ति को सम्बल बनाने का निश्चय किया।

सम्राट पृथ्वीराज चौहान व चंदबरदाई की मित्रता

पृथ्वीराज चौहान और चंदबरदाई बचपन के अभिन्न मित्र थे, विद्वानों के अनुसार दोनों का जन्म एक ही दिन हुआ था और मृत्यु भी एक ही दिन और एक समय पर हुई थी। बचपन से ही दोनों की मित्रता बहुत अटूट थी। पृथ्वीराज एक भाई की तरह, उनका ख्याल रखते थे।

चंदबरदाई तोमर वंश के शासक अनंगपाल तंवर की बेटी के पुत्र थे। जिन्होंने बाद में, पृथ्वीराज के सहयोग से पिथौरागढ़ का निर्माण करवाया था, जो वर्तमान में दिल्ली में पुराने किले के नाम से जाना जाता है।

चंदबरदाई बड़े होकर पृथ्वीराज की सभा के, एक जाने-माने कवि भी बने। उन्हें राज दरबार में राज कवि का दर्जा प्राप्त था।

चंदबरदाई ने पिंगल भाषा में 'पृथ्वीराज रासो' नामक महान महाकाव्य लिखा। इस ग्रंथ को हिंदी भाषा का पहला एवं सबसे बड़ा काव्य ग्रंथ माना जाता है। इस ग्रंथ में उन्होंने पृथ्वीराज की वीरता और उनके गुणों का बखान किया है।

पृथ्वीराज चौहान और चंदबरदाई की मित्रता की घनिष्ठता का अंदाजा इस बात से ही लगाया जा सकता है कि मोहम्मद गोरी से युद्ध में पराजय के बाद जब मोहम्मद गोरी पृथ्वीराज चौहान और चंदबरदाई को अपने साथ गजनी ले गया।

गजनी में पृथ्वीराज चौहान को मोहम्मद गोरी ने बहुत यातनाएं दीं। लोहे की गर्म सलाखों से उनको नेत्र विहीन कर दिया गया। अपने परम मित्र और भारत के महान योद्धा के साथ यह दुर्व्यवहार चंदबरदाई को बिल्कुल भी अच्छा नहीं लगा।

तब चंदबरदाई ने अपनी एक योजना के अनुसार मोहम्मद गोरी को पृथ्वीराज चौहान के हाथों मरवा दिया, और इसी के साथ भारतीय इतिहास में पृथ्वीराज चौहान और चंदबरदाई की मित्रता अमर हो गई।

सम्राट पृथ्वीराज चौहान और राजा जयचंद की दुश्मनी

राजा जयचंद के मन में सम्राट पृथ्वीराज चौहान के जन्म के पहले से ही महाराज सोमेश्वर के समय से ही घृणा भरी हुई थी।

एक बार यवनों ने जब महाराज सोमेश्वर के राज्य पर आक्रमण किया, जिसमें महाराज सोमेश्वर का साथ, राजा विजयपाल ने दिया।

गया इस युद्ध में जिसमें महाराज सोमेश्वर ने जीत हासिल की, लेकिन राजा विजयपाल, वीरगति को प्राप्त हो गए। जिसके कारण कम उम्र में ही, जयचंद को कन्नौज का राजा बनाया गया।

राजा विजयपाल का एक भाई जयमल था, जो राजा जयचंद और रूपसुंदरी को, महाराज सोमेश्वर के खिलाफ भड़काता रहता था कि राजा विजयपाल की मृत्यु के जिम्मेदार, महाराज सोमेश्वर ही हैं। जयमल की बातों का प्रभाव, राजा जयचंद पर हुआ, और वह महाराज सोमेश्वर का दुश्मन बन गया।

राजा जयचंद का पृथ्वीराज चौहान से दुश्मनी का दूसरा कारण यह भी था कि वह दिल्ली पर अपना अधिकार जमाना चाहते थे। उस समय दिल्ली पर महाराजा अनंगपाल का राज्य था।

राजा जयचंद महाराजा अनंगपाल के बड़े नाती भी थे, इस कारण वह समझते थे दिल्ली का राज्य पृथ्वीराज को नहीं, उनको मिलना चाहिए लेकिन महाराजा अनंगपाल जयचंद को दिल्ली राज्य संभालने के योग्य नहीं समझते थे। महाराजा अनंगपाल को लगता था कि पृथ्वीराज ही दिल्ली के लिए उपयुक्त हैं, और इसीलिए महाराजा अनंगपाल ने अपनी मृत्यु से पूर्व पृथ्वीराज को दिल्ली का उत्तराधिकारी घोषित कर दिया। तो एक यह भी कारण पृथ्वीराज और जयचंद की दुश्मनी की वजह बना।

उधर पृथ्वीराज चौहान भी नहीं चाहते थे कि जयचंद जैसे घमंडी और अन्यायी राजा का शासन समस्त भारत पर हो, इसीलिए वे हमेशा जयचंद का विरोध करते थे और इसी के चलते पृथ्वीराज चौहान के प्रति जयचंद के मन में घृणा और भी ज्यादा बढ़ गई।

तीसरा कारण जयचंद और पृथ्वीराज की दुश्मनी का पृथ्वीराज का संयोगिता से विवाह करना बना। पृथ्वीराज और संयोगिता एक दूसरे से प्रेम करते थे।

संयोगिता के पिता जयचंद पृथ्वीराज के साथ ईर्ष्या का भाव रखते थे। अपनी पुत्री का पृथ्वीराज चौहान से विवाह का विषय, तो दूर-दूर तक सोचने योग्य बात नहीं थी, जयचंद केवल पृथ्वीराज को नीचा दिखाने का मौका ढूंढते रहते थे, और यह मौका उन्हें अपनी पुत्री के स्वयंवर में मिला।

राजा जयचंद ने अपनी पुत्री संयोगिता का स्वयंवर आयोजित किया। इसके लिए उन्होंने पूरे देश से राजाओं को आमंत्रित किया परंतु उन्होंने पृथ्वीराज चौहान को न्योता नहीं दिया।

राजा जयचंद ने पृथ्वीराज को अपमानित करने के लिए स्वयंवर मे पृथ्वीराज की मूर्ति द्वारपाल के स्थान पर रखी। पृथ्वीराज चौहान भी अपने प्यार के खातिर संयोगिता की मर्जी से ही स्वयंवर चालू होने से पहले ही महल में आ पहुंचे और उन्हें अपने साथ घोड़े पर बिठाकर दिल्ली ले गए। उसके बाद दोनों ने विवाह कर लिया।

इस कारण राजा जयचंद और पृथ्वीराज के बीच की दुश्मनी और भी बढ़ गयी और राजा जयचंद, मोहम्मद गोरी के साथ मिलकर पृथ्वीराज को मारने की योजना बनाने लगा।

सम्राट पृथ्वीराज चौहान और राजकुमारी संयोगिता की प्रेम कहानी

सम्राट पृथ्वीराज चौहान और राजकुमारी संयोगिता की प्रेम कहानी राजस्थान के राजपूताना इतिहास में बहुत ही प्रसिद्ध है। आज भी पृथ्वीराज चौहान और राजकुमारी संयोगिता के प्रेम-कहानी की मिसालें दी जाती हैं।

राजकुमारी संयोगिता कन्नौज के राजा जयचंद की बेटी थी। पृथ्वीराज चौहान के अद्भुत साहस और वीरता के किस्से हर तरफ थे। वहीं जब राजा जयचंद की बेटी संयोगिता ने, उनकी बहादुरी और आकर्षण के किस्से सुने तो उनके हृदय में, पृथ्वीराज चौहान के लिए, प्रेम भावना उत्पन्न हो गई।

उधर पृथ्वीराज चौहान भी राजकुमारी संयोगिता की खूबसूरती से बेहद प्रभावित थे। वे भी उनकी तस्वीर देखते ही, उनसे प्यार कर बैठे थे। संयोगिता चोरी-छिपे गुप्त रूप से पृथ्वीराज चौहान को पत्र भेजने लगी।

कहा जाता है कि वे दोनों ही बिना एक-दूसरे से मिले, केवल एक दूसरे की तस्वीर देखकर आपस में अटूट प्रेम करने लगे थे।

उस काल में राजा जयचंद की बेटी राजकुमारी संयोगिता बला की खूबसूरत थी। राजा जयचंद पहले से ही पृथ्वीराज चौहान के बढ़ते हुए यश और शौर्य के कारण उनसे ईर्ष्या रखता था।

हुआ यूँ कि एक दिन 'पन्नाराय' नामक एक चित्रकार कन्नौज आया, उसके पास दुनिया भर के महान यशस्वी राजकुमारों और राजाओं के चित्र थे और उन्हीं में से एक चित्र दिल्ली के युवा सम्राट पृथ्वीराज चौहान का भी था, पृथ्वीराज चौहान के चित्र में उनकी खूबसूरती को देखकर कन्नौज की युवतियां मंत्रमुग्ध हो गईं।

धीरे-धीरे इस बात की चर्चा राजकुमारी संयोगिता तक जा पहुंची तो वह भी पृथ्वीराज चौहान के उस चित्र को देखने के लिए अधीर हो उठी। राजकुमारी संयोगिता ने अपनी सखियों के साथ उस चित्रकार के पास पहुंचकर पृथ्वीराज की तस्वीर को देखा और पहली ही नजर में उन्हें दिल दे बैठी।

इसी दौरान चित्रकार ने दिल्ली पहुंचकर पृथ्वीराज चौहान से मुलाकात की और राजकुमारी संयोगिता का एक चित्र बनाकर उन्हें दिखाया, चित्र में राजकुमारी संयोगिता के सौंदर्य को देखकर पृथ्वीराज चौहान भी उनपर मोहित हो गए और उनसे प्यार करने लगे।

दोस्तों आपको बता दें कि रानी संयोगिता और पृथ्वीराज चौहान के विवाह का उल्लेख चंदबरदाई ने अपने काव्य 'पृथ्वीराज रासो' में किया है।

चंदबरदाई लिखते हैं, "प्रसिद्ध चित्रकार द्वारा बनाया गया रानी संयोगिता का चित्र जब मैंने महान सम्राट पृथ्वीराज को दिखाया तो वह चित्र को देखकर रानी संयोगिता पर सम्मोहित हो गए और रानी से प्रेम करने लगे। इसी तरह रानी संयोगिता ने पृथ्वीराज चौहान की बहादुरी और युद्ध के बारे में सुना तो मन ही मन पृथ्वीराज से प्रेम करने लगीं और उधर पृथ्वीराज ने मुझसे रानी संयोगिता से मिलने की इच्छा जताई

तो, मैंने उन्हें यह बताया कि रानी संयोगिता हमारे शतु राजा जयचंद की पुत्री हैं जो आपसे बहुत ईर्ष्या करते हैं। वे आपको कभी भी रानी संयोगिता से मिलने नहीं देंगे।"

राजकुमारी संयोगिता और पृथ्वीराज चौहान के प्रेम प्रसंग के बारे में जब संयोगिता के पिता राजा जयचंद को पता चला तो उन्होंने संयोगिता के विवाह के लिए एक स्वयंवर रचा।

राजकुमारी संयोगिता का स्वयंवर व हरण

कन्नौज के राजा जयचंद ने अपनी पुत्री संयोगिता का स्वयंवर आयोजित किया। स्वयंवर से पहले संपूर्ण भारत पर अपना शासन कायम करने के उद्देश्य से राजा जयचंद ने एक अश्वमेघ यज्ञ का आयोजन किया था, इस यज्ञ के संपूर्ण होने के पश्चात ही राजकुमारी संयोगिता का स्वयंवर संपन्न होना था।

जयचंद ने सभी राज्यों के राजकुमारों और राजाओं को आमंत्रित किया परंतु इस स्वयंवर में ईर्ष्या के कारण पृथ्वीराज चौहान को आमंत्रित नहीं किया, पृथ्वीराज को नीचा दिखाने के उद्देश्य से उन्होंने स्वयंवर में पृथ्वीराज की मूर्ति द्वारपाल के स्थान पर रखी।

पृथ्वीराज चौहान, जयचंद की चालाकी को समझ गए। उन्होंने अपनी प्रेमिका को पाने के लिए, एक गुप्त योजना बनाई। उस समय हिंदू लड़कियों को, अपना मनपसंद वर चुनने का अधिकार था। स्वयंवर में, वह जिस भी व्यक्ति के गले में माला डाल देती, वह उसकी रानी बन सकती थी।

वही स्वयंवर के दिन बड़े-बड़े राजा, अपने सौंदर्य के लिए पहचानी जाने वाली, राजकुमारी संयोगिता से विवाह करने के लिए समारोह में शामिल हुए।

राजकुमारी संयोगिता हाथ में वरमाला लेकर जब स्वयंवर में पहुंची तो चारों ओर देखने के बाद भी पृथ्वीराज चौहान सभा में उन्हें कहीं दिखाई नहीं दिए, परंतु द्वारपाल के स्थान पर पृथ्वीराज की मूर्ति पर उनकी नजर पड़ी तो उन्होंने उस मूर्ति के गले में वरमाला डाल दी।

दरअसल जिस समय राजकुमारी संयोगिता मूर्ति के गले में वरमाला डाल रही थी, ठीक उसी समय पृथ्वीराज चौहान वहां पहुंचकर उनके सामने खड़े हो गए और वह वरमाला उनके गले में पड़ गई।

इसे देखकर स्वयंवर में आए सभी राजा अपने आप को अपमानित महसूस करने लगे। और यह सब देखकर जयचंद गुस्से में तलवार लेकर राजकुमारी संयोगिता को मारने के लिए उनकी ओर बढ़ा लेकिन उससे पहले ही पृथ्वीराज राज चौहान सभा

में उपस्थित सभी राजाओं को ललकारते हुए संयोगिता को लेकर वहां से दिल्ली की ओर निकल गए।

जयचंद के सैनिक पृथ्वीराज चौहान का बाल भी बांका नहीं कर सके और पृथ्वीराज चौहान की प्रेम कहानी अपने आप में एक ऐतिहासिक मिसाल बन गई।

इस घटना के बाद 1189 तथा 1190 में पृथ्वीराज चौहान और राजा जयचंद की सेनाओं के बीच भीषण युद्ध हुआ जिसमें दोनों ओर से जान-माल का भारी नुकसान हुआ।

सम्राट पृथ्वीराज चौहान और राजकुमारी संयोगिता का विवाह

पृथ्वीराज राजकुमारी संयोगिता को भगाकर अपनी रियासत दिल्ली ले आए और यहां आकार दोनों का संपूर्ण हिंदू विधि-विधान से विवाह संपन्न हुआ।

इसके बाद जयचंद के मन में पृथ्वीराज चौहान के लिए और भी ज्यादा कड़वाहट बढ़ गई और राजा जयचंद ने अपने अपमान का बदला लेने के लिए मोहम्मद गोरी से हाथ मिला लिया।

राजा जयचंद ने अपना सारा सैनिक बल, सहयोग मोहम्मद गोरी को दिया, जो आगे चलकर युद्ध में पृथ्वीराज चौहान की पराजय का एक कारण बनी।

सम्राट पृथ्वीराज चौहान के अन्य विवाह

'पृथ्वीराज विजय' महाकाव्य के दशम सर्ग के उत्तरार्ध में उल्लेख मिलता है कि पृथ्वीराज की अनेक रानीयाँ थीं। परन्तु वे कितनी थीं, कौन से प्रदेश की राजकुमारियाँ थीं, यह उल्लेख वहाँ नहीं है।

उस समय अपने राज्य की सीमाओं का विस्तार करने के लिए, दूसरे राज्यों से सन्धि करने के लिए कई विवाहों का प्रचलन था।

'पृथ्वीराज रासो' काव्य में उल्लेख है कि पृथ्वीराज जब ग्यारह वर्षीय थे, तब उनका प्रथम विवाह हुआ था। उसके पश्चात् प्रतिवर्ष उनका एक-एक विवाह होता गया, जब तक पृथ्वीराज बाईस (२२) वर्ष के नहीं हो गए थे।

उसके पश्चात् सम्राट पृथ्वीराज चौहान जब छत्तीस वर्षीय हुए, तब उनका अन्तिम विवाह राजकुमारी संयोगिता के साथ हुआ। इतिहासकारों की मानें तो सम्राट पृथ्वीराज चौहान की 13 रानियां थीं।

सम्राट पृथ्वीराज का प्रथम विवाह मण्डोर प्रदेश के नाहड राव पडिहार की पुत्री जम्भावती के साथ हुआ था। 'पृथ्वीराज रासो' काव्य के हस्तप्रत में केवल पांच

रानीओं के नाम हैं। वे इस प्रकार है - जम्भावती, इच्छनी, यादवी शशिव्रता, हंसावती और संयोगिता।

'पृथ्वीराज रासो' काव्य की लघु हस्तप्रत में केवल दो नाम हैं, वे इच्छनी और संयोगिता हैं और सबसे छोटी हस्तप्रत में केवल संयोगिता का ही नाम उपलब्ध है।

जम्भावती

चौहान वंश ने जिस भूभाग में अपना राज्य स्थापित किया, उस भूभाग का नाम जाङ्गल था। उस प्रदेश की राजधानी अहिच्छत्रपुर थी। सघ: आज उसका नाम नागौर है।

वह नागौर नगर आज देशनोक नाम से प्रसिद्ध है। देशनोक नगर बीकानेर से उत्तर दिशा में 32 कि.मी. दूर स्थित है। देशनोक से सोलह कि.मी. दूर है जाङ्गलू गाँव।

वहाँ से 1233 विक्रम संवत में लिखित एक शिलालेख प्राप्त होता है। उस शिलालेख के अनुसार उस ग्राम का प्राचीन काल में जाङ्गकूपदुर्ग और अजयपुर नाम थे।

1176 विक्रम संवत्सर में लिखित एक शिलालेख में उल्लिखित है कि जाङ्गकूपदुर्ग नामक ग्राम की स्थापना पृथ्वीराज प्रथम द्वारा हुई थी। उस ग्राम से पृथ्वीराज के नाम की मुद्राएं भी प्राप्त हुई।

जाङ्गकूपदुर्ग ग्राम की स्थापना के पश्चात् कुछ दिनों में ही गजनी प्रदेश के राजा अर्सलान द्वारा जाङ्गकूपदुर्ग ग्राम को ध्वस्त कर दिया गया।

बीकानेर नगर के अनूप संस्कृत पुस्तकालय में सोलहवीं शताब्दी की हस्तप्रत प्राप्य हैं। उनके अनुसार चौहान साम्राज्य के अमुक भाग में दहिया राजपूतों का लघु ग्राम था।

दहिया राजपूत वंश की एक राजकुमारी पृथ्वीराज को प्रेम करती थी। वह उनके साथ विवाह करने की इच्छुक थी। उसका नाम अजिया था।

एक बार अजिया अपने रक्षकों के साथ पृथ्वीराज को मिलने के लिए अजयमेरु नगर जा रही थी। मार्ग में ध्वस्त जाङ्गलू ग्राम आता है। उस ध्वस्त ग्राम को देख कर वह दु:खी हो गई। उसके पश्चात् उसने उसी भूमि में एक नवीन ग्राम की रचना की। उस ग्राम का नाम अजियापुर था।

अजिया पृथ्वीराज तो पृथ्वीराज से मिलने जा ही रही थी, परन्तु पृथ्वीराज भी आखेट का बहाना करके जाङ्गलू प्रदेश के वन में गये थे। वे अजिया को अपनी राजधानी ले गए। उसके पश्चात् उन दोनों का विवाह हुआ।

पद्मावती

'पृथ्वीराज रासो' काव्य में पद्मावतीसमय: नामक आख्यान भी प्राप्य है। 'पृथ्वीराज रासो' काव्य के अनुसार पूर्व दिशा में समुद्रशिख नामक प्रदेश था।

वहाँ यादव वंशीय के विजयपाल नाम राजा का शासन था। उसकी पत्नी का नाम पद्मसेन था। उन दोनों की पुत्री पद्मावती थी।

पद्मावती एक दिन राजभवन के उद्यान में विचरण कर रही थी। उस समय उसके द्वारा एक शुक को देखा गया। वह शुक अत्यन्त आकर्षक था। वह शुक भी पद्मावती के रक्त अधर को बिम्बाफल मान कर उसे खाने के लिए आगे बढ़ा।

उसी समय पद्मावती ने शुक को अपने हाथ में ग्रहण किया। वह शुक मानव भाषा का ज्ञाता था। वह पद्मावती का मनोरंजन करने के लिए अनेक कथा सुनाता रहा।

उसके पश्चात् पद्मावती ने जिज्ञासावश शुक से पूछा, "हे शुकराज! आप कहाँ निवास करते हैं? आपके राज्य का राजा कौन है?" तब पद्मावती की जिज्ञासा के उपशमन के लिए शुक ने विस्तारपूर्वक अपने राज्य और पृथ्वीराज का वर्णन आरंभ किया।

"हिंदवान थान उत्तम सुदेश, तह उगत दुग दल्ली सुदेष।
संभरि नरेश चहुंवान थान, प्रीथिराज तहां राजंत भान॥
वैसह वरिस षोजस नरिंद, आजानुबाहु भुवलोक यदं।
संभपि नरेश सोमेस पूत, देवंत रूप अवतार धूत॥
सता मसूर सब्बे अपार, भूजान भीम जिस सार भार।
तिहि पकरि शाह साहाबदीन, तिहु बेर करिन पानीप हीन॥
सिंगिनि सुसद गुने चढ़ि जंजीर, चुक्के न शबद बेधंत तीर।
बल बेल करन जिमि दान मान, सहस शील बहिचंद समान॥
दस चारि सब काल भूप, क्रन्दप्प ज्ञान अवतार रूप॥"

हिन्दुओं का उत्तम प्रदेश हिन्दुस्तान है। वहाँ सुन्दर दिल्ली नगरी है। उस नगर का अधिपति चौहान वंशीय राजा पृथ्वीराज है। सोलह वर्षीय पृथ्वीराज इन्द्रवत् पराक्रमी है। शाकम्भरी नरेश सोमेश्वर के पुत्र देव का रूप धारण करके पृथ्वी पर उतरे हैं।

उनके सभी सामंत अत्यन्त पराक्रमी हैं। पृथ्वीराज की भुजा में भीमसेन के समान बल है। उनके धनुष के प्रत्यञ्चा की ध्वनि अतीव भयानक होती है। वह शब्द भेदी बाण चलाने में समर्थ हैं।

पृथ्वीराज वचनपालन में कर्मठ, दान में कर्ण, सत्कार्यों में विक्रमादित्य और

आचरण में हरिश्चन्द्र के समान हैं। कलियुग में दुष्टों का संहार करने के लिए उनका जन्म हुआ है। चौदह कलाओं से सम्पन्न वह कामदेव के समान पृथ्वी पर अवतरित हुए हैं।

शुक के मुख से पृथ्वीराज की प्रशंसा सुनकर यादव कुमारी पद्मावती का मन पृथ्वीराज के प्रति अनुरक्त हो गया। परन्तु यौवन प्राप्त पद्मावती का विवाह विजयपाल ने कुमुदमणि के साथ निर्धारित कर दिया था। कुमुदमणि कुमाऊँ प्रदेश का राजा था।

समुद्रशिखर प्रदेश में राजकुमारी के विवाह की सज्जा हो रही थी। दूसरी ओर अपने विवाह का समाचार सुनकर पद्मावती व्याकुल थी।

उसके पश्चात् पद्मावती शुक से बोली, "हे कीर! शुक! आप शीघ्र ही दिल्ली जाकर मेरे प्रिय पृथ्वीराज को यहाँ बुला लाइए।" उसके पश्चात् पद्मावती ने शुक को एक पत्र दिया।

'हे क्षत्रिय कुलभूषण! मैं तन मन से आपको प्रेम करती हूँ। यदि आप मुझे और मेरे कुल को वरणयोग्य मानते हैं, तो मेरा पाणिग्रहण करके मेरे प्राणों की रक्षा करें। शकसंवत्सर के वैशाख मास की शुक्ल द्वादशी तिथि को मेरा विवाह निश्चित है। अत: उससे पूर्व आकर श्रीकृष्ण ने जैसे रुक्मिणी का हरण किया था, वैसे ही मेरा हरण करके मुझे कृतार्थ करें।'

शुक ने वायुवेग से दिल्ली जाकर पृथ्वीराज को पत्र दिया। पत्र पढ़कर पृथ्वीराज ने सामन्तों के साथ समुद्रशिखर नगर की ओर यात्रा प्रारम्भ की। दूसरी ओर कुमुदमणि ने कुमाऊँ से वरयात्रा प्रारम्भ की।

पृथ्वीराज समुद्रशिखर जा रहा हैं, यह समाचार प्राप्त करके मुहम्मद ग़ोरी ने भी समुद्रशिखर की ओर यात्रा आरंभ की।

उसके पश्चात् समुद्रशिखर जा रहे कुमुदमणि के आगमन का समाचार सुनकर पद्मावती अति व्याकुल हो गई क्योंकि पृथ्वीराज के आगमन का समाचार उसे नहीं मिला था। अत: वह प्रासाद के वातायन पर बैठ कर मार्ग को विह्वल मन से देखती हुई प्रतीक्षा करते हुए रो रही थी।

उसी समय शुक आकर उसे बोला, "हे सुन्दरी! तेरे प्रियतम समीप के शिव मन्दिर में हैं। तुम शीघ्र ही वहाँ जाओ।" शुक का वचन सुनकर पुनर्जीवन प्राप्त पद्मावती के नेत्र अचानक चमक उठे।

नवीन वस्त्र धारण कर सुगन्धित जल से स्नान कर सोलह श्रृंगार करके अपनी सखियों के साथ वह स्वर्ण थाली में दीप लेकर शिवालय गई।

शिवालय पहुंचकर शिव पार्वती की पूजा करके पृथ्वीराज की ओर गई। उसके

पश्चात् अपने मुखावरण को हटा कर वह मुग्ध होकर पृथ्वीराज के सौन्दर्य को देखती रही। पृथ्वीराज भी थोड़ा आगे जाकर पद्मावती के समीप खड़े हो गये।

मन्दिर का वह दृश्य देख कर पद्मावती की सखियाँ आश्चर्यचकित होकर पद्मावती को और पृथ्वीराज को देख रही थी। क्योंकि पद्मावती और पृथ्वीराज के प्रणय के विषय में शुक (तोता) को छोड़कर कोई भी नहीं जानता था।

उसके पश्चात् पृथ्वीराज ने पद्मावती का हाथ अपने हाथ में लेकर अश्वारोहण किया। दिल्ली की ओर पृथ्वीराज और पद्मावती की यात्रा का आरम्भ होते ही समुद्रशिखर नगर में सर्वत्र पद्मवाती हरण का समाचार व्याप्त हो गया।

विजयपाल और कुमुदमणि पृथ्वीराज के साथ युद्ध करने के लिए पृथ्वीराज के पीछे गए। विजयपाल और कुमदमणि के आगमन का समाचार सुनकर पृथ्वीराज सामन्तों के साथ युद्ध के लिए सज्ज हो गए।

उसके पश्चात् विनाशक युद्ध में विजयी पृथ्वीराज ने दिल्ली की ओर यात्रा आरम्भ की। परन्तु मार्ग में मुहम्मद गोरी ने अपने सैनिकों के साथ पृथ्वीराज के ऊपर आक्रमण कर दिया। परन्तु गोरी की सेना की घोर पराजय हुई।

गोरी के सभी सैनिक यहाँ वहाँ पलायन कर रहे थे और पृथ्वीराज ने गोरी को बन्दी बनाकर दिल्ली की ओर प्रयाण प्रस्थान किया। दिल्ली पहुंच कर दुर्गा के मन्दिर में शुभ मुहूर्त में पृथ्वीराज ने पद्मावती के साथ विवाह कर लिया।

इतिहासविदों का मत है कि साहित्यिक दृष्टि से उक्त कथा का महत्त्व है, परन्तु ऐतिहासिक दृष्टि से उक्त कथा का महत्त्व नहीं है। क्योंकि इतिहास में कहीं पर समुद्रशिखर नामक दुर्ग का और उसके राजा विजयपाल का उल्लेख प्राप्य नहीं है। दोनों नाम काल्पनिक हैं।

इतिहासविदों का मत है कि यह कथा कोई पुराणकालीन प्रसिद्ध कथा होगी, जिसका अवलम्बन करके अज्ञात व्यक्ति ने 'पृथ्वीराज रासो' काव्य में प्रक्षेप की होगी।

चंदबरदाई ने उक्त कथा की रचना नहीं की है इसका द्वितीय प्रमाण है कि,

"बानं नाल हथनालि,तपुह तीरह स्त्रव सज्जिय"

अर्थात् 'तोप' द्वारा चारों दिशा में धुआँ हो गया। परन्तु भारतीय इतिहास में 1526 (ई.) वर्ष के अप्रैल-मास की बीसवीं (20/4/1526) दिनांक को पानीपत क्षेत्र के युद्ध में ही तोप का उपयोग हुआ था।

परन्तु जगनिक रचित 'आल्हाखंड' में बार-बार तोपों के उपयोग का उल्लेख मिलता है। यद्यपि इस कथा में ऐतिहासिक तथ्य नहीं है, तथापि कथा में पृथ्वीराज और पद्मावती के पात्र तो योग्य ही हैं।

1236 विक्रम संवत्सर के आषाढ़ मास की शुक्लदशमी बुधवासर को लिखित एक शिलालेख पोखरण से प्राप्त हुआ है। उसमें उल्लेख है कि पृथ्वीराज की आज्ञा से 'कतिया' नामक मण्डलेश्वर ने विजयपुर के लोकेश्वर मन्दिर में पिहिलापाउल नामक ग्राम का दान किया था।

ग्राम के साथ तडाग, ग्राम के चारों ओर के विशाल वन भी उसने दान में दिये थे। पद्मावती पाल्हण नामक परमारवंशी की पुत्री थी। कतिया नामक मण्डलेश्वर पद्मावती का भाई था।

चन्द्रावती

'पृथ्वीराज रासो' काव्य में उल्लेख है कि चन्द्रपुण्डीर प्रदेश की राजकुमारी चन्द्रावती का विवाह सम्राट पृथ्वीराज चौहान के साथ हुआ था।

उस के गर्भ से सपादलक्ष साम्राज्य का उत्तराधिकारी रैणसी समुद्भूत हुआ। इतिहासविदों का मत है कि रैणसी कल्पित नाम है, वस्तुतः उसका नाम गोविन्द आसीत् था। परन्तु चन्द्रपुण्डीर प्रदेश की राजकुमारी का विवाह पृथ्वीराज से हुआ था यह उचित ही है।

इंदिरावती

अजमेर के राजकुंवर पृथ्वीराज चौहान और चित्तौड़ के राजकुंवर समरसिंह के बीच बहुत ही घनिष्ठ मित्रता थी।

अपने बढ़ते वैभव के कारण उज्जैन के महाराज ने अपनी पुत्री का विवाह पृथ्वीराज चौहान से करवाना चाहा, उन दिनों पृथ्वीराज उज्जैन के पास ही शिकार खेल रहे थे।

कुल पुरोहितों ने पृथ्वीराज का टिका चढ़ा कर विवाह की बात को पक्का कर लिया, इसी बीच उन्हें यह सूचना मिली कि गुजरात के राजा भीमदेव ने चित्तौड़ पर आक्रमण कर दिया है, इसलिए अपने संबंधों के कारण एवं मित्रता का कर्तव्य समझकर समरसिंह की सहायता के लिए चित्तौड़ अग्रसर हुए।

राह में ही पृथ्वीराज की भेंट समरसिंह के दूत से हो गयी उसने पृथ्वीराज को बताया कि दस कोस की दूरी पर ही भीमदेव की सेना पड़ाव डाले हुए है और शीघ्र ही दोनों दलों में मुठभेड़ हो जाएगी। उसने यह भी कहा कि समरसिंह की आज्ञा अनुसार वह आपको ही इसका समाचार देने के लिए आ रहा था।

अभी भीमदेव ने आक्रमण किया भी न था कि पृथ्वीराज चौहान अपनी सेना लिए

समरसिंह के पास जा पहुंचे। उन्होंने एकाएक बिना विश्राम किये गुजरात की सेना पर आक्रमण कर दिया, अब लाचार होकर भीमदेव को अपनी सेना का मुंह फेरना पड़ा।

समरसिंह और पृथ्वीराज की संयुक्त सेना ने भीमदेव पर भीषण आक्रमण कर दिया पर भीमदेव की सेना अपनी स्थान से न हटी। समरसिंह और पृथ्वीराज ने बहुत वीरता दिखाई।

युद्ध होते-होते शाम हो गयी पर कुछ भी निर्णय न हो पाया। दूसरे दिन भी युद्ध आरंभ हो गया। भीमदेव ने नदी पार कर स्वयं चित्तौड़ की सेना पर आक्रमण किया, परन्तु वीर समरसिंह ने इस वेग से, उसके आक्रमण को रोका कि गुजरात की सेना के छक्के छूट गए।

पीछे से पृथ्वीराज की सेना ने भी आते हुए गुजरात की सेना में मार-काट मचा दी। दिन भर के युद्ध में भीमदेव के दस सेनानायक मारे गए।

इतने पर भी गुजरात की सेना अपने स्थान पर डटी रही पर पृथ्वीराज और समरसिंह एवं उनके वीर सामंतों ने ऐसी वीरता दिखाई कि गुजरात की सेना को पीछे हटना पड़ा।

एक दिन जब पृथ्वीराज अपने शिविर में सो रहे थे तब अर्धरात्रि के समय आक्रमण कर दिया। इस आकस्मिक आक्रमण से वे उठ खड़े हुए और जिस अवस्था में थे उसी अवस्था में युद्ध करने लगे।

रात के युद्ध में जैतसी का छोटा भाई, लखी सिंह, वीर बगरी, रूप धन आदि सरदार मारे गए, परन्तु विजयलक्ष्मी पृथ्वीराज चौहान को ही जीत का हार पहनाया गया।

भीमदेव की तरफ से गेरपहाड़ नामक नामी सरदार समेत पांच हज़ार सैनिक इस युद्ध में मारे गये। अब भीमदेव को वास्तव में हार माननी पड़ी और गुजरात वापस जाना पड़ा।

पृथ्वीराज स्वयं समरसिंह की सहायता के लिए चित्तौड़ में रुके हुए थे और इधर इंदिरावती से विवाह का दिन भी आ गया, पृथ्वीराज ने अपनी तलवार पन्जुराय को देकर इंदिरावती से विवाह कर लाने के लिए भेज दिया।

उस समय यह रिवाज था कि यदि किसी कारणवश वर स्वयं बारात में नहीं आ सकता था, तो कोई वर का साथी वर की कटार लेकर विवाह रचाने जा सकता था।

जब पन्जुराय पृथ्वीराज के स्थान पर विवाह के लिए गया, तो उज्जैन के राजा ने कहा कि मुझे ऐसे मनुष्य से विवाह नहीं करना है जो स्वयं विवाह में न आकर युद्ध में चला जाए।

चंदबरदाई ने उन्हें बहुत समझाने की कोशिश की पर उज्जैन के महाराज ने एक न मानी, परन्तु उन दोनों के कुछ झमेला करने पर उज्जैन के महाराज ने उन्हें पांच दिन का समय दिया।

इंदिरावती ने भी सारी बातें सुनीं। उसने यह प्रतिज्ञा कर ली कि वह शादी करेगी तो केवल पृथ्वीराज चौहान से ही। परन्तु जब पांच दिन की अवधि निकल गयी तब उज्जैन के राजा ने क्रोधित होकर पृथ्वीराज के सामंतों को निकल जाने का आदेश दे दिया।

राजा के इस व्यवहार से पृथ्वीराज के सामंत क्रोधित हो उठे और युद्ध की तैयारी करने लगे, तुरंत ही युद्ध होने लगा। पृथ्वीराज के वीर सामंत ने उज्जैन के राजा को पकड़ कर अपने वश में कर लिया।

उज्जैन के राजा की आंखें खुल गयीं और उसने बड़ी धूमधाम से अपनी पुत्री का विवाह पृथ्वीराज के भेजे हुए साथी से कर दिया, और इस प्रकार यह झमेला शांत हुआ।

पृथ्वीराज, इंदिरावती को लेकर अजमेर आ गए। थोड़े ही समय में पृथ्वीराज ने रणथम्भ के राजा की कन्या हंसावती से भी विवाह कर लिया।

शशिव्रता

पृथ्वीराज को यह खबर मिली कि देवगिरी के राजा भानराय यादव की पुत्री शशिव्रता अनुपम सुंदरी है। भानराय अपनी कन्या का विवाह जयचंद के भतीजे वीरचंद से करवाना चाहता था।

भानराय ने एक ब्राह्मण के द्वारा एक टिका भेज दिया था, ब्राह्मण टिका लेकर कन्नौज चला गया। परन्तु इधर शशिव्रता पृथ्वीराज की प्रशंसा सुनकर मन ही मन मुग्ध हो रही थी।

ये सब समाचार पृथ्वीराज को मालूम हुआ। जब विवाह का दिन निकट आया, तो वीरचंद कन्नौज से अपनी सेना एवं सामंतों के साथ विवाह के लिए चल पड़ा।

उधर पृथ्वीराज भी अपनी दस हज़ार सेना और बड़े-बड़े सामंतों को लेकर आगे बढ़े। इस बार बहुत भयानक युद्ध की सम्भावना थी।

जब शशिव्रता के मन का हाल उनके माता पिता को पता चला, तो उन्होंने उसे बहुत समझाना चाहा पर वीरचंद से ही करें शशिव्रता ने उनकी एक न सुनी, यह देखकर देवगिरी के राजा ने अपने मंत्री से परामर्श लिया।

उसके मंत्री ने सुझाव दिया कि आप अपनी पुत्री का विवाह कर दें क्योंकि आप

टिका भेजवाकर वचन दे चुके हैं पर अपनी पुत्री के मोहवश, वे ऐसा न कर पाए।

राजा भानराय ने पृथ्वीराज को एक पत्र लिखकर यह बता दिया कि शाशिव्रता शिवालय में रहेगी, आप उसे वहां से आकर ले जाएं।

जब पृथ्वीराज को यह खबर मिली तो उन्होंने अपनी सेना का भार कान्हा चौहान को दे दिया और स्वयं निठुर राय और यादवराय के साथ देवगिरी जाकर घूमने लगे।

जब पृथ्वीराज घूमते हुए किले के नीचे पहुंचे तो शाशिव्रता ने उन्हें देख लिया और शाशिव्रता अपने पिता से आज्ञा लेकर शिवालय चली गयी।

उस समय शाशिव्रता के साथ वीरचंद और शाशिव्रता के पिता की सेना थी, इसलिए पृथ्वीराज ने बुद्धि से काम लेना उचित समझा, उन्होंने अपने सिपाहियों को योगियों के भेष में मिल जाने की आज्ञा दी।

अस्त्रों को गुप्त रूप से छिपाते हुए पृथ्वीराज की सेना वीरचंद और भानराय के सेना में सम्मिलित हो गयी। इधर पृथ्वीराज एक सुन्दर सा घोड़ा लेकर मंदिर के पास आ पहुंचे।

जब शाशिव्रता मंदिर से पूजा करके निकली तब पृथ्वीराज ने शाशिव्रता को सीढ़ी पर से ही उसके करकमलों को पकड़ कर घोड़े पर बिठा लिया।

शाशिव्रता को लेकर भागते हुए वीरचंद की सेना ने पृथ्वीराज को देख लिया, अब शाशिव्रता के कारण एक बहुत बड़ा युद्ध होने वाला था।

वीरचंद की सेना हुंकार उठी एक ओर जहाँ मंदिर के सामने मग्न करने वाली ध्वनि बज रही थी वहीं वह ध्वनि युद्ध के बाजों और बिगुल में बदल गयी।

राजा जयचंद का भतीजा कम्धुन्ज वीरचंद केसरिया बंगा पहने, शस्त्र बंधे शिवदर्शन को आ रहा था, शशिव्रता को इस तरह हरण होते देख, उसने अपनी तलवार निकाली और पृथ्वीराज की ओर झपटा।

वीरचंद ने सुन्दरी शशिव्रता को छीन लेना चाहा, तुरंत ही पृथ्वीराज के सामंत और सेना ने अपने कपट भेष को फेंक कर अपने शस्त्र निकाल लिए।

मंदिर के पास ही मार-काट मच गयी। किसी तरह शशिव्रता को लेकर पृथ्वीराज अपने सेना के पड़ाव में आ गए। अब क्रमबद्ध युद्ध होने लगा।

यद्यपि भानराय ने पृथ्वीराज को पत्र लिखकर अपनी पुत्री को उन्हें सौंपना चाहा था पर वह अपनी इज्जत बचाने के लिए वीरचंद के साथ हो लिया।

इसी बीच शशिव्रता का भाई मारा गया, राजा भानराय ने पृथ्वीराज से अपनी हार मानकर अपनी सेना वापस मंगवा ली, पर वीरचंद ने हार नहीं मानी।

दूसरे दिन फिर युद्ध शुरू हो गया, युद्ध में वीरचंद का वीर सहचर खवास मारा

गया, उसकी मृत्यु से वीरचंद को बहुत दु:ख हुआ, साथ ही उसे कुछ भय भी था इसलिए वह अपने सामंतों से विचार करने लगा कि क्या करना उचित होगा।

उसके सामंतों ने इस युद्ध का घोर विरोध किया और वीरचंद से कहा कि एक स्त्री के लिए हज़ार सिपाहियों का बलिदान देना, बिलकुल भी उचित नहीं होगा अत: इस युद्ध को यहीं समाप्त कर देना उचित रहेगा।

वीरचंद ने उनकी बात मान ली और अपनी सेना को पीछे हटने का आदेश दे दिया। वीरचंद की सेना जैसे ही पीछे हटने लगी, पृथ्वीराज की सेना को लगा कि वे हमसे डर कर भाग रहे हैं।

यह देखकर पृथ्वीराज की सेना ने और भी वेग से आक्रमण कर दिया, वास्तव में वीरचंद की सेना का बल कम नहीं हुआ था, तुरंत ही उसकी सेना फिर से अपने स्थान पर डट कर खड़ी हो गयी और फिर से युद्ध करने लगी।

शाम होने वाली थी। वीरचंद के मस्तक में हमेशा एक चांदी का छत्र लगा रहता था, पुंडीर ने उस वीरचंद पर एक ऐसा वार किया कि उसका छत्र दूर जाकर गिर गया, छत्र के गिरते ही उसकी सेना में कोलाहल मच गया वीरचंद भी बहुत भयभीत हो गया, थोड़ी देर में ही रात हो गयी और युद्ध विराम हो गया।

वीरचंद और पृथ्वीराज अपने-अपने सामंतों से विचार करने लगे। पृथ्वीराज के सामंतों ने अपना मत दिया कि आप शशिव्रता को लेकर दिल्ली चले जाइये, हम यहाँ संभाल लेंगे।

पृथ्वीराज ने कहा कि इस तरह हम आप लोगों को मुसीबत में छोड़कर दिल्ली जाकर आनंद नहीं मना सकते हैं, सभी के समझाने पर भी पृथ्वीराज ने एक न सुनी अन्त में उन्हें चुप होना पड़ा।

सुबह होते ही युद्ध का बिगुल बज उठा, आज के युद्ध में निट्टराय को सेनापति बनाया गया। घोर युद्ध होने लगा।

पृथ्वीराज घोड़े पर बैठकर इस तरह वीरचंद की सेना को काट रहे थे जैसे उनका काल उनके सामने हो, कोई भी उनके पास आने से पहले एक बार अवश्य सोच रहा था।

शाम होने से पहले ही वीर पुंडीर ने वीरचंद को बंदी बना लिया पर पृथ्वीराज ने कहा कि अपना काम हो गया, अब उसे बंदी बनाने से कोई फायदा नहीं और पृथ्वीराज ने वीरचंद को छोड़ देने का आदेश दे दिया।

इस तरह पृथ्वीराज ने हजारों मनुष्यों का बलिदान देकर शशिव्रता को अपनी पत्नी बनाया और दिल्ली आ पहुंचे।

इधर पृथ्वीराज शशिव्रता को ले दिल्ली आ गए और वीरचंद ने पृथ्वीराज से हार का बदला भानराय से लेने की ठानी। उसने भानराय के किले को चारों ओर से घेर लिया और कुछ सेना और भेजने के लिए जयचंद को पत्र लिखा।

भानराय ने जब अपने को घिरा पाया तो पृथ्वीराज को पत्र लिखा कि आपके कारण ही मेरे ऊपर इतनी बड़ी विपदा आई है इसलिए इस समय आप मेरी रक्षा कीजिये।

इसी समय वीरचंद का दूत पत्र लेकर जयचंद के पास पहुंचा और पत्र के अतिरिक्त उसने जबानी ही सारा हाल जयचंद को बता दिया।

जयचंद पहले से ही दिल्ली का राजसिंहासन न मिलने के कारण पृथ्वीराज से क्रोधित था अब तो वह और भी क्रोधित हो गया, उसने तुरंत ही वीरचंद को अपनी सहायता पहुंचाई।

जयचंद तुरंत ही अपने सभी मंत्रियों को बुलाकर ये परामर्श करने लगा कि अपने सभी अधीन राजाओं और सामंतों को सेना समेत कन्नौज बुला लिया जाए, वे राजसूय यज्ञ करेंगे।

दूसरे ही दिन सवेरे से ही कन्नौज में सेना एकत्र होने लगी। जयचंद के अधीन राजाओं की सेना भी उनमें आकर सम्मिलित होने लगी।

उनकी सेना ध्वजा लिए आगे-आगे चलने लगी और उस ध्वजा के पीछे-पीछे वीर योद्धा चलने लगे।

इसी समय नरवर के राजा का छोटा भाई अमरसिंह और दीर्घकाय महाबलशाली पंगुराय भी अपनी सेना लेकर जयचंद की सेना में सम्मिलित हो गया।

इस तरह जयचंद की विशाल सेना भानराय और पृथ्वीराज से बदला लेने के लिए चल पड़ी। जब भानराय द्वारा लिखा पत्र पृथ्वीराज को मिला तो उन्होंने भानराय की मदद करना अपना कर्तव्य समझा।

पृथ्वीराज ने तुरंत ही समरसिंह को पत्र लिख कर कहा कि इस समय आपको हमारी मदद अवश्य ही करनी चाहिए, समरसिंह ने सहर्ष ही पृथ्वीराज की प्रार्थना स्वीकार कर ली।

समरसिंह को पहले से ही पता था कि यवनी सेना पृथ्वीराज पर फिर से आक्रमण करना चाहती है, इसलिए समरसिंह ने पृथ्वीराज से कहा कि आप दिल्ली न छोड़ें, आप दिल्ली की सुरक्षा के लिए वहीं रहें और आप अपने कुछ सामंत हमारे साथ कर दें, भानराय की सहायता हम कर लेंगे।

पृथ्वीराज ने समरसिंह की बात मान ली। उन्होंने अपने सामंत चामुंडराय और जैतसी को समरसिंह के पास भेज दिया और स्वयं दिल्ली में रुक गए।

समरसिंह ने अपने भाई अमरसिंह को भानराय की सहायता के लिए देवगिरी भेज दिया, इधर वीरचंद भानराय के किले की घेराबंदी किये बैठा था,पर अबतक कुछ कर नहीं पाया था।

चामुंडराय ने रात्रि के समय जाकर वहां आक्रमण कर दिया, एक तो वर्षा की अंधकारमयी रात्रि के कारण वीरचंद की सेना पहले से ही विचलित हो रही रही थी, जब जल की वर्षा के साथ तीरों की वर्षा भी होने लगी तो वीरचंद की सेना और भी घबरा गयी।

इतना सब कुछ होने पर भी उसकी सेना ने रणक्षेत्र नहीं छोड़ा, दोनों दलों में घोर युद्ध होने लगा। इसी बीच समरसिंह की सेना लिए उसका भाई अमर सिंह युद्ध मैदान में आ गए और चामुंडराय की मदद करने लगे, युद्ध और भी भीषण होने लगा।

जयचंद को हर समय का समाचार लगातार मिल रहा था, वीरचंद की सेना की हार से पहले ही वह रणक्षेत्र में पहुँचकर किले पर अधिकार करना चाहता था, इसलिए वह और भी वेग से आगे बढ़ा।

जब उसने वहां पहुंच कर देखा तो पता चला कि किला बहुत लम्बा-चौड़ा और खाई से घिरा हुआ है तब उसे लाचार होकर वहीं पड़ाव डालना पड़ा।

जयचंद बहुत ही कूटनीतिज्ञ था, उसने राजनीतिक चालों द्वारा वहां के रक्षकों को घूस देकर अपने साथ मिलाना चाहा पर ऐसा न हो पाया, तब उसने दूसरे ढंग की चालें चलीं।

जयचंद ने किले में सुरंग लगाने की आज्ञा दी, परन्तु किले की खाई इतनी गहरी थी कि उसकी यह चेष्टा भी निष्फल हुई, अब उसके तीनों राजनीतिज्ञ शस्त्रों साम, दाम, दंड, निष्फल हो गए थे। अब आखिरी शास्त्र भेद की बारी थी।

जयचंद ने एक दूत को राजा भानराय के पास भेजकर ये सन्देश भेजवा दिया कि आप मेरे साथ मिल जाइये ताकि हम मिलकर पृथ्वीराज से आपके अपमान का बदला ले सकें।

भानराय ने अपने मंत्री से जब इसकी सलाह ली तो उसके मंत्री ने कहा कि हमें जयचंद की इस चाल में नहीं आना चाहिए, पृथ्वीराज से बैर करना उचित नहीं होगा।

भानराय अपने मंत्री की दूरदर्शिता को देखकर बहुत खुश हुआ और भानराय ने जयचंद के साथ मिलने से इनकार कर दिया।

जब जयचंद लाचार होकर किले पर अपना अधिकार नहीं जमा पाया, तब उसने देवगिरी में लूटपाट मचाना शुरू कर दिया। और अनेक स्थानों में अपना शासन फैलाना भी शुरू कर दिया, परन्तु चामुंडराय और अमरसिंह की सेना उसके इस कार्य में उसे तंग करने लगी।

अपने राज्य से इतनी दूर आकर जयचंद वास्तव में मुसीबत में फंस गया था क्योंकि वह देवगिरी के इलाकों में अपना अधिकार तो कर लेता पर ज्यादा समय तक उसका उचित प्रबंध न कर पाता, इस प्रकार से चामुंड राय और अमरसिंह के द्वारा उसकी कितनी ही सेना मारी गई।

जयचंद के सामंतों ने उसे यह बात समझाई कि अगर आप देवगिरी में विजय प्राप्त कर भी लेते हैं, तो आप अपना प्रभुत्व अपने राज्य से दूर होने के कारण यहाँ कायम नहीं रख पाएंगे, ये युद्ध शशिव्रता के लिए था, पृथ्वीराज तो उसे ले गए अब व्यर्थ ही नरसंहार करने की कोई आवश्यकता नहीं है।

मंत्रियों की यह बात जयचंद के मन को भा गयी, उसने उस समय अपनी सारी सेना को कन्नौज वापस चलने की आज्ञा दे दी। इस तरह से देवगिरी का युद्ध समाप्त हो गया।

सम्राट पृथ्वीराज चौहान की बहन पृथा कुमारी

सोमेश्वर राज चौहान के पृथ्वीराज चौहान के अतिरिक्त पृथा नाम की एक कन्या थी। जब पृथा कुमारी विवाह के योग्य हुई तब उसका विवाह चित्तौड़ के अधिपति वीरबल रावल समरसिंह के साथ निश्चित हुआ। वास्तव में समरसिंह एक विचित्र प्रतिभा पूर्ण पुरुष थे।

महाकवि चंदबरदाई ने अपने 'रासो' नामक ग्रन्थ में स्थान-स्थान पर उनकी प्रशंसा की है। उनके विषय में लिखा है कि वे साहसी, धीर स्वभाव और युद्ध कुशल होने के साथ-साथ सत्यप्रिय, और सदा शुद्ध चरित्र के थे।

वे मिष्ट भाषी, और कभी किसी से कठोर व्यवहार नहीं करते थे। समर सिंह के इन्हीं गुणों के कारण गोहिलोत और चौहान जाति के समस्त सैनिक और सामंत उनसे अत्यंत श्रद्धा भक्ति का भाव रखते थे।

चंदबरदाई ने अपने मुख से ही ये बात स्वीकार किया है कि इस महाकाव्य में जो भी शाषण निति है उसका अधिक अंश महाराज समर सिंह के उपदेशों पर आधारित है।

जिस समय पृथा कुमारी के विवाह के लिए दूत के साथ-साथ ही कान्हा चौहान तथा पुरोहित गुरुराम भी वहां पहुंचे थे, उस समय समरसिंह एक व्याघ्र चर्म पर विराजे हुए थे।

समर सिंह का शांत स्वभाव तथा वीरता पूर्ण तेजोमय देखकर गुरुराम ने पृथा का विवाह स्थिर किया और समर सिंह ने भी विवाह को सादर स्वीकार कर गुरुराम को बहुत कुछ देना चाहा, पर गुरुराम ने कुछ भी नहीं लिया।

समरसिंह और पृथा के विवाह बंधन में बंधने के बाद तो उनका चौहान जाति से स्नेह और ही बढ़ गया। समर सिंह के नीति बल, आचार बल, चरित्र बल और समर बल ने चौहान की शक्ति को और ही बढ़ा दिया।

सम्राट पृथ्वीराज चौहान के संबंध में लिखी गयी किताबें

दोस्तों वैसे तो इतिहास में कई लेखकों के द्वारा लिखी किताबों में सम्राट पृथ्वीराज चौहान के बारे में जिक्र मिलता है, लेकिन विद्वानों ने जिन काव्यों को सर्वाधिक मान्यता दी हुई है, हम यहाँ आपको उनके बारे में बता रहे हैं। नीचे मैंने महाकाव्य के नाम और उसके रचयिता के बारे में जानकारी दी है -

पृथ्वीराज विजय महाकाव्य (जयानक कश्मीरी राजकवि)

हम्मीर महावाक्य (नयचन्द्र सूरी)

पृथ्वीराज रासो (चंदबरदाई)

इसे देखकर शत्रुओं की छाती दहल उठी और तब से पृथ्वीराज चौहान और समर सिंह दोनों हर विशाल युद्ध में एक साथ नजर आने लगे, दोनों वीर एक साथ मिलकर शत्रुओं का संहार करने लगे। और पृथ्वीराज चौहान को एक और बड़ा सा सहारा मिल गया था।

सम्राट पृथ्वीराज चौहान द्वारा कुछ लड़े गए और शान्त किए गए विरोध

सम्राट पृथ्वीराज चौहान ने अपने शासनकाल में बहुत सारे युद्ध लड़े, बहुत सारे युद्धों को जीता। उन्होंने बहुत सारे विद्रोहों को शांत भी कराया। तो आइये जानते हैं, उनके कुछ प्रमुख युद्धों के बारे में:-

नागार्जुन के खिलाफ युद्ध

नागार्जुन विग्रहराज चतुर्थ का छोटा पुत्र था। विग्रहराज चतुर्थ के बाद उसका पुत्र 'अपरगांग्य' सिंहासन पर बैठा था। अपरगांग्य सम्राट पृथ्वीराज चौहान के चाचा थे।

राजकाज संभालने के कुछ समय बाद उसके चाचा अपरगांग्य ने शासन प्राप्ति हेतु विद्रोह किया, जिसे परास्त कर उसकी हत्या कर दी गई। महाराज सोमेश्वर की मृत्यु तक नागार्जुन वयस्क हो चुका था।

नागार्जुन अजमेर का शासक बनने का प्रयास कर रहा था इसलिए उसने सम्राट पृथ्वीराज चौहान के उत्तराधिकार को चुनौती दी और विद्रोह कर दिया। कुछ असन्तुष्ट

चौहान सरदार भी उसके पक्ष में चले गये, जिससे उत्साहित होकर उसने भावी संघर्ष की तैयारियां शुरू कर दीं।

अजमेर का शासक बनने के उद्देश्य से नागार्जुन ने घोड़ापूरा के किले को, अपने कब्जे में कर लिया। तब सम्राट पृथ्वीराज चौहान के अपनी बड़ी सेना के साथ वहां पर पहुंचे, तो नागार्जुन वहां से भागने लगा।

क्योंकि पृथ्वीराज चौहान, एक राजपूत राजा थे, जो कभी भागते हुए, शत्रु का पीछा नहीं करते थे। इस प्रकार सम्राट पृथ्वीराज चौहान की नागार्जुन के खिलाफ जीत हुई। फिर उन्होंने घोड़ापूरा के किले को वापस, अपने कब्जे में लिया।

नागार्जुन तो किसी प्रकार से भाग निकला। परन्तु उसकी माँ, पत्नी, बच्चे तथा परिवार के अन्य सदस्य पकड़ लिये गये। नागार्जुन के एक सेनानायक देवभट्ट ने आखिरी समय तक सामना किया। परन्तु वह अपने समस्त सैनिकों के साथ मारा गया।

नागार्जुन के अनेक सैनिकों और कर्मचारियों को बंदी बनाकर अजमेर लाया गया, जहाँ उन्हें मौत के घाट उतारा गया।

यह भी प्रमाण मिलते हैं कि वहां पर हराए गए, सैनिकों के सरों की माला, सम्राट पृथ्वीराज चौहान ने अजमेर किले के गेट पर टंगवाई थी। ऐसा भावी राजद्रोहियों को चेतावनी देने के तौर पर किया गया। इसके बाद इतिहास में नागार्जुन का उल्लेख नहीं मिलता।

भण्डानकों के खिलाफ युद्ध

भण्डानक इस समय किसी क्षेत्र में आबाद थे। यह विवादास्पद है। डॉ. गोपीनाथ शर्मा के अनुसार, यह जाति सतलज की तरफ से आकर गुड़गाँव व हिसार जिले के आस-पास बस गयी थी।

डॉ. दशरथ शर्मा का मानना है कि यह जाति कन्नौज और हर्षपुर के मध्यवर्ती क्षेत्र में आबाद थी। शायद बयाना भी इसी राज्य में सम्मिलित था।

डॉ. सत्यप्रकाश के अनुसार, यह जाति रेवाड़ी तहसील के आस-पास बसी हुई थी। विग्रहराज चतुर्थ को इन्होंने परास्त किया था। अब वह पुनः शक्तिशाली हो गये थे। अल्पवयस्क पृथ्वीराज के राजा बनने पर अवसर का लाभ उठाते हुए भण्डानकों ने विद्रोह कर दिया, जिससे चौहान राज्य की उत्तरी सीमा असुरक्षित हो गयी।

नागार्जुन का दमन करने के उपरान्त सम्राट पृथ्वीराज चौहान ने भण्डानकों की तरफ ध्यान दिया। सन 1182 ई. के आस-पास सम्राट पृथ्वीराज चौहान ने उन पर जबरदस्त आक्रमण कर दिया।

सम्राट पृथ्वीराज चौहान ने भरतपुर-मथुरा व अलवर के आसपास के क्षेत्र में भण्डानकों के विद्रोहों का अंत किया। जिनपति सूरि ने भण्डानकों के दमन का उल्लेख किया है।

उनकी बस्तियों को उजाड़ दिया और सैकड़ों को मौत के घाट उतार दिया। हजारों भण्डानक उत्तर की ओर भाग गये। शेष ने आत्मसमर्पण कर दिया। इसके बाद के समय में एक शक्ति के रूप में उनका उल्लेख नहीं मिलता।

इन प्रारंभिक विजयों से सम्राट पृथ्वीराज चौहान का उत्तराधिकार सुदृढ़ बन गया। भविष्य में किसी भी चौहान उम्मीदवार ने उसके नेतृत्व को चुनौती देने का साहस नहीं किया। इन विजयों के फलस्वरूप चौहान राज्य की राजनीतिक एकता भी सुदृढ़ हो गयी।

गुजरात के चालुक्यों के खिलाफ आक्रमण

चालुक्यों के राजा भीमदेव ने सम्राट पृथ्वीराज चौहान के पिता सोमेश्वर को मारा था। फिर नागौर पर अपना कब्जा कर लिया था। सम्राट पृथ्वीराज चौहान ने इसी बात का बदला लेने के लिए, राजा भीमदेव पर आक्रमण किया था। उन्होंने राजा भीमादेव को मारा। फिर नागौर को वापस अपने कब्जे में ले लिया।

गुजरात के चालुक्यों और सपादलक्ष के चौहानों के मध्य लम्बे समय तक संघर्ष चला आ रहा था। सम्राट पृथ्वीराज चौहान के पिता सोमेश्वर के शासनकाल में दोनों के मध्य मैत्रीपूर्ण सम्बन्ध बने रहे। क्योंकि सोमेश्वर का लालन-पालन अपने ननिहाल गुजरात में हुआ था। सम्राट पृथ्वीराज चौहान के समय में दोनों राजवंशों में पुन: संघर्ष शुरू हो गया।

कुछ इतिहासकारों ने दोनों के मध्य संघर्ष के कारण की निश्चित जानकारी नहीं दी है, लेकिन 'पृथ्वीराज रासो' के अनुसार संघर्ष का मुख्य कारण आबू नरेश सलख की पुत्री इच्छिनी थी।

आबू नरेश सलख की पुत्री इच्छिनी के साथ सम्राट पृथ्वीराज चौहान और गुजरात नरेश भीमदेव द्वितीय दोनों ही विवाह करना चाहते थे, परन्तु अधिकांश इतिहासकार इस प्रसंग में 'रासो' की घटनाओं भीमदेव द्वारा सोमेश्वर की हत्या और सम्राट पृथ्वीराज चौहान द्वारा भीमदेव की पराजय और भीमदेव की हत्या को काल्पनिक मानते हैं। उनका तर्क है कि इस समय आबू पर धारावर्ष परमार का शासन था और उसकी इच्छिनी नामक कोई पुत्री ही नहीं थी।

सम्राट पृथ्वीराज चौहान के चाचा कान्हा ने भीमदेव के चाचा सारंगदेव के सात पुत्रों को मार दिया था। इस पर राजा भीमदेव ने अजमेर पर आक्रमण कर दिया। उसने नागौर जीत लिया और एक युद्ध में महाराज सोमेश्वर को मार डाला।

सम्राट पृथ्वीराज चौहान ने अपनी पिता की हत्या का बदला लेने के लिए ही गुजरात पर आक्रमण किया और भीमदेव को युद्ध में परास्त कर मार डाला तथा नागौर पर भी पुन: अधिकार कर लिया, परन्तु 'पृथ्वीराज रासो' की यह घटना सही नहीं है, क्योंकि भीमदेव द्वितीय के सिंहासन पर बैठने से पूर्व ही महाराज सोमेश्वर की मृत्यु हो चुकी थी।

बहुत सारे इतिहासकार, इस पर भी मतभेद रखते हैं। क्योंकि राजा भीमादेव का राज्य, सम्राट पृथ्वीराज चौहान के मरने के काफी समय बाद तक रहा। अगर सम्राट पृथ्वीराज चौहान के मरने के बाद भी, राजा भीमदेव राज्य कर रहा था, तो सम्राट पृथ्वीराज चौहान ने उसे कैसे मारा। वहीं जब राजा सोमेश्वर की मृत्यु हुई तब राजा भीमदेव एक बच्चा था, जो इतने बड़े राजा को नहीं मार सकता था।

शिलालेखों से पता चलता है कि राजा भीमदेव 1239 ई. तक शासन कर रहा था। जबकि सम्राट पृथ्वीराज चौहान 1192 ई. में गोरी के हाथों मारा जा चुका था। वस्तुत: चौहानों और चालुक्यों के मध्य संघर्ष का मुख्य कारण दोनों राजवंशों की विस्तारवादी नीति थी।

चालुक्य का राज्य नाडौल तथा आबू तक फैला हुआ था। नाडौल के चौहान और आबू के परमार गुजरात राज्य के कदर सामंत थे। दूसरी तरफ सम्राट पृथ्वीराज चौहान के राज्य की सीमाएँ भी नाडौल तथा आबू तक जा पहुंची थीं। गुजरात के चालुक्य अजमेर के चौहानों को भी अपनी अधीन लाने को उत्सुक थे, जबकि पृथ्वीराज अपनी स्वतंत्र सत्ता का विकास करना चाहता था। ऐसी स्थिति में दोनों पक्षों के मध्य संघर्ष होना स्वाभाविक ही था।

साहित्यिक रचनाओं और शिलालेखों के आधार पर यह कहा जा सकता है कि 1184 ई. के आस-पास दोनों पक्षों ने अनिर्णायक युद्ध लड़ा गया। 1187 ई. के आस-पास दोनों के मध्य मैत्री-सम्बन्ध स्थापित हो गये।

आबू के परमारस के खिलाफ युद्ध

माउंट आबू जहां का राजा धारावर्ष था। वहां के राजा के ऊपर, सम्राट पृथ्वीराज चौहान ने रात में आक्रमण किया। यहां पर सम्राट पृथ्वीराज चौहान को हार का सामना करना पड़ा। इस युद्ध से सम्राट पृथ्वीराज चौहान को ज्यादा फायदा नहीं हुआ।

कन्नौज के गहड़वालों से संघर्ष व युद्ध

सम्राट पृथ्वीराज चौहान और गहड़वाल नरेश जयचंद के बीच 1189 व 1190 में भयंकर युद्ध हुआ। इसमें बहुत से लोगों की जानें गईं। दोनों सेनाओं को भारी नुकसान पहुंचा।

दूरदर्शी शासक पृथ्वीराज चौहान की सेना बहुत बड़ी थी। जिसमें लगभग 3 लाख सैनिक और 300 हाथी थे। उनकी विशाल सेना में घोड़ों की सेना का भी विशेष महत्व था।

'पृथ्वीराज रासो' के अनुसार दिल्ली के राजा आनंदपाल की मृत्यु के बाद उसका नाती पृथ्वीराज चौहान उसका उत्तराधिकारी बना। उस समय उसका समकालीन शासक जयचंद भी अधिक शक्तिशाली था। उसने अनेक युद्ध में विजयश्री प्राप्त की एवं राजसूय यज्ञ का आयोजन किया।

इसी अवसर पर राजा जयचंद ने अपनी पुत्री संयोगिता के स्वयंवर की भी घोषणा की, और इसमें भाग लेने के लिए अनेक राजाओं को आमंत्रित किया गया।

सम्राट पृथ्वीराज को अपमानित करने की दृष्टि से उन्हें निमंत्रित नहीं किया गया और उनकी मूर्ति बनवाकर द्वारपाल के स्थान पर रखवा दी। और उधर राजकुमारी संयोगिता पहले से ही सम्राट पृथ्वीराज से विवाह करना चाहती थी।

सम्राट पृथ्वीराज चौहान अपने चुने हुये सामंतों एवं सैनिकों के साथ छिपकर घटना स्थल पर जा पहुँचा। ज्योंही राजकुमारी संयोगिता ने पृथ्वीराज के गले में वरमाला डाली, सम्राट पृथ्वीराज चौहान किसी युक्ति से संयोगिता को उठाकर ले गए।

कन्नौज की सेना ने उन दोनों को पकड़ने का अथक प्रयास किया परन्तु वे सकुशल अजमेर पहुँच गये और वहाँ उन्होंने विवाह कर लिया।

अधिकांश विद्वानों ने राजकुमारी संयोगिता की कहानी को अविश्वसनीय माना है। शिलालेखों से विदित होता है कि 1164 ई. से पूर्व विग्रहराज तृतीय ने दिल्ली पर अधिकार कर लिया था इसलिए 'रासो' की यह बात असत्य है कि दिल्ली में आनंदपाल की मृत्यु के बाद पृथ्वीराज उसका उत्तराधिकारी बना।

कुछ इतिहासकारों ने सम्राट पृथ्वीराज चौहान और राजा जयचंद के बीच हुए युद्ध को तो माना है, लेकिन यह युद्ध क्यूं, कब और किन कारणों से हुआ, इसका स्पष्ट उत्तर उन्होंने नहीं दिया है।

डॉ. ओझा और डॉ. त्रिपाठी आदि विद्वानों ने सम्राट पृथ्वीराज चौहान और राजा जयचंद की परस्पर लड़ाई और राजकुमारी संयोगिता के स्वयंवर को काल्पनिक माना है। उनका तर्क है कि सम्राट पृथ्वीराज चौहान के युग में राजसूय युद्ध व स्वयंवर प्रथा समाप्त हो चुकी थी।

इसके विपरीत डॉ. दशरथ शर्मा ने संयोगिता प्रकरण की ऐतिहासिकता को सिद्ध करने का प्रयास किया है। वे लिखते हैं कि जो राजकुमारी 'रासो' की प्रधान नायिका है जिसके विषय में अबुलफजल को ज्ञान प्राप्त था। जिसकी रसमेग कथा 'चाहमान

वंशचरित्र' एवं चाहमान वंश के इतिहासकार चन्द्रशेखर के 'सुरजन चरित्र' में स्थान प्राप्त कर चुकी है जिससे 16वीं सदी और इसके पूर्व भी पृथ्वीराज के वंशज भी अपना पूर्वज मानते हैं।

महोबा के चंदेलों पर विजय

सम्राट पृथ्वीराज चौहान ने 1182 ई. में ही महोबा के चंदेल शासक परमार्दिदेव को तुमुल युद्ध में हराकर उसे संधि के लिए विवश किया था।

भण्डानकों के क्षेत्रों पर अधिकार करने के पश्चात् सम्राट पृथ्वीराज चौहान ने चंदेलों पर आक्रमण करने का निश्चय किया। इस समय चंदेलों का राज्य काफी विस्तृत था, जिसमें बुन्देलखण्ड, जैजाकभुक्ति व महोबा आदि सम्मिलित थे। महोबा उसकी राजधानी थी।

इस समय राजा परमार्दि चंदेल राज्य पर शासन कर रहा था। उसके दुव्यवहार से असन्तुष्ट होकर कई चंदेल राजपूत उसकी सेवा त्यागकर अन्य राजाओं के दरबार में चले गये थे।

ऐसे सरदारों में आल्हा व ऊदल प्रमुख थे। जिन्होंने कन्नौज में आश्रय लिया था। 1182 ई. में पृथ्वीराज ने चंदेलों पर आक्रमण किया।

'पृथ्वीराज रासो' तथा 'आल्हाखण्ड' से पता चलता है कि चौहानों ने चंदेलों की राजधानी महोबा पर विजय प्राप्त की। जिसमें परमार्दि की ओर से आल्हा व ऊदल व कन्नौज की सेना ने भाग लिया था।

इस युद्ध में परमार्दिदेव के योग्य एवं विश्वस्त सेनानायक आल्हा व ऊदल वीर गति को प्राप्त हुए। सम्राट पृथ्वीराज चौहान ने चंदेल राज्य का बहुत बड़ा क्षेत्र अपने राज्य में मिला लिया एवं अपने सामंत पन्जुराय को महोबा का अधिकारी बनाया।

बहुत सारे इतिहासकारों का मानना है कि सम्राट पृथ्वीराज चौहान ने, राजा परमार्दि को नहीं हराया था, उन्होंने केवल महोबा पर धावा बोला था। वह जीत नहीं पाए थे। राजा परमार्दि ने वापस महोबा पर अपना नियंत्रण कर लिया था। यह बात अभी भी संदेह में है कि सम्राट पृथ्वीराज चौहान ने राजा परमार्दि को हराया था या नहीं।

इतिहास में महोबा का युद्ध होने का सही-सही कारण नहीं मिलता है पर 'पृथ्वीराज रासो' में लिखा है कि चौहान सेना मुहम्मद गोरी से सफल युद्ध जीत कर दिल्ली वापस आ रही थी, उनमें कितने ही घायल सैनिक थे। यह सेना कई रास्तों से दिल्ली वापस जा रही थी। कुछ घायल सैनिकों की टुकड़ी महोबा राज्य जा पहुंची।

वर्षा ऋतु थी तथा रात अँधेरी थी, सम्राट पृथ्वीराज चौहान के सैनिक आश्रय पाने के उद्देश्य से यहां-वहां भटककर चंदेल राजाओं के शाही बाग में जा पहुंचे।

सम्राट पृथ्वीराज चौहान के सैनिकों को बाग़ के रक्षकों ने रोका परन्तु वे उनकी बात न मान कर (राजा परमार) राजा परमार्दि के सरकारी महल में डेरा डालने लगे, बात बढ़ गयी।

एक सैनिक ने एक रक्षक को मार डाला, बात राजा परमार तक पहुँच गयी, राजा परमार ने हरिदास बघेल को आदेश दिया कि घायल सैनिकों को पकड़ कर यहाँ पेश किया जाए।

चौहान सैनिकों ने हरिदास को बहुत समझाना चाहा कि वे सुबह चले जायेंगे, पर हरिदास ने एक न मानी, परिणाम यह हुआ कि बात ही बात में हरिदास और उसके कुछ सैनिकों ने चौहान सेना पर हमला कर दिया, चौहान सेना घायल अवस्था में ही लड़ने लगी और हरिदास मारा गया।

जब राजा परमार को हरिदास की मौत की खबर मिली तब राजा परमार ने ऊदल को बुला कर सभी घायल सैनिकों को मार डालने की आज्ञा दी, ऊदल ने बहुत समझाने की कोशिश की कि सम्राट पृथ्वीराज चौहान बहुत वीर और प्रतापी हैं और उनसे झगड़ा मोल न लिया जाए, पर राजा परमार के सामंत मल्हन ने आल्हा ऊदल की बात को मानने न दिया। राजा की आज्ञा पाकर आल्हा ऊदल को बाग़ में जाकर सभी घायल सैनिकों को मार डालना पड़ा।

अब यहाँ पर आल्हा ऊदल का परिचय देना आवश्यक है। राजा परमार देव की सेना में दसराज नामक एक सरदार था। आल्हा, ऊदल उसी के दो पुत्र थे। इनके पिता ने कितनी ही बार युद्ध में पराक्रम दिखाकर महोबा को विजयी बनाया था।

ये दोनों भाई भी बहुत पराक्रमी थे, इन्हें महोबा का मशहूर लड़ाका भी कहा जाता था। कहा जाता था कि आज तक पृथ्वी में ऐसा कोई पैदा नहीं हुआ है जो इन दो भाइयों को हरा सके, उनके इन पराक्रम के कारण राजा परमार इन्हें अपने पुत्र के जैसा मानते थे। उनका इतना बल देखकर राज्य के अन्य कर्मचारी उनसे जलते थे।

आल्हा ऊदल के पास अच्छी नस्ल के पांच घोड़े थे, जो उनके पिता की आखिरी निशानी थे। लोगों ने राजा के कान भरे कि ऐसे घोड़े तो केवल महोबा के राजा के पास होने चाहिए।

राजा परमार ने कुछ धन के बदले वे घोड़े लेने चाहे पर आल्हा ने वे घोड़े उन्हें नहीं दिये, इस पर राजा परमार के सामंत फिर से राजा के कान भरने लगे और राजा परमार ने क्रोध में आकर उन्हें राज्य से निकलवा दिया।

आल्हा-ऊदल ने वहां रहना उचित न समझा और कन्नौज में जयचंद के पास शरणागत के रूप में आ गए। राजा जयचंद वीरों की इज्ज़त करना अच्छी तरह से जनता था, उसने उन दोनों भाइयों को पूरे सम्मान के साथ कन्नौज में रखा।

जब सम्राट पृथ्वीराज चौहान को यह दिल तोड़ने वाली खबर मिली तो उसके गुस्से की कोई हद न रही। आँधी की तरह महोबा पर चढ़ दौड़ा और सिरको, जो इलाका महोबा का एक मशहूर कस्बा था, तबाह करके महोबा की तरफ बढ़ा।

चंदेलों ने भी फौज खड़ी की। मगर पहले ही मुकाबले में उनके हौसले पस्त हो गये। आल्हा-ऊदल के बगैर फौज बिन दूल्हे की बारात थी। सारी फौज तितर-बितर हो गयी। देश में तहलका मच गया कि अब किसी भी क्षण सम्राट पृथ्वीराज चौहान महोबा में आ पहुँचेगा, इस डर से लोगों के हाथ-पाँव फूल गये।

अब राजा परमार अपने किये पर बहुत पछता रहा था। मगर अब पछताना व्यर्थ था। कोई चारा न देखकर उसने सम्राट पृथ्वीराज चौहान से एक महीने की सन्धि की प्रार्थना की।

चौहान राजा युद्ध के नियमों को कभी हाथ से न जाने देता था। उसकी वीरता उसे कमजोर, बेखबर और नामुस्तैद दुश्मन पर वार करने की इजाजत नहीं देती थी।

इन मामलों में अगर सम्राट पृथ्वीराज चौहान इन नियमों का इतनी सख्ती से पाबन्द न होता तो शहाबुद्दीन के हाथों उसे वह बुरा दिन न देखना पड़ता। उसकी बहादुरी ही उसकी जान की गाहक हुई। उसने राजा परमार का पैगाम मंजूर कर लिया। चंदेलों की जान में जान आई।

अब सलाह-मशविरा होने लगा कि सम्राट पृथ्वीराज चौहान से कैसे मुकाबला किया जाये। रानी मलिनहा भी इस मशविरे में शरीक थीं। किसी ने कहा, महोबा के चारों तरफ एक ऊँची दीवार बनायी जाय, कोई बोला, हम लोग महोबा को वीरान करके दक्खिन की ओर चलें।

राजा परमार जबान से तो कुछ न कहता था, मगर समर्पण के सिवा उसे और कोई चारा नहीं दिखाई पड़ रहा था, तब रानी मलिनहा खड़ी होकर बोली:-

"चंदेल वंश के राजपूतों, तुम कैसी बच्चों की-सी बातें करते हो? क्या दीवार खड़ी करके तुम दुश्मन को रोक लोगे? झाड़ू से कहीं आँधी रुकती है! तुम महोबा को वीरान करके भागने की सलाह देते हो। ऐसी कायरों जैसी सलाह औरतें दिया करती हैं। तुम्हारी सारी बहादुरी और जान पर खेलना अब कहाँ गया? अभी बहुत दिन नहीं गुजरे कि चंदेलों के नाम से राजी थर्राते थे। चंदेलों की धाक जमी हुई थी, तुमने कुछ ही सालों में सैकड़ों मैदान जीते, तुम्हें कभी हार प्राप्त नहीं हुई। तुम्हारी

तलवार की दमक कभी मन्द नहीं हुई। तुम अब भी वही हो, मगर तुममें अब वह पुरुषार्थ नहीं है। वह पुरुषार्थ बनाफल वंश के साथ महोबा से उठ गया। देवल देवी के रूठने से चण्डिका देवी भी हमसे रूठ गई। अब अगर कोई यह हारी हुई बाजी संभाल सकता है तो वह आल्हा है।वही दोनों भाई इस नाजुक वक्त में तुम्हें बचा सकते हैं। उन्हीं को मनाओ, उन्हीं को समझाओ, उन पर महोबा का बहुत हक है। महोबा की मिट्टी और पानी से उनकी परवरिश हुई है। वह महोबा के हक कभी भूल नहीं सकते, उन्हें ईश्वर ने बल और विद्या दी है, वही इस समय विजय का बीड़ा उठा सकते हैं।"

रानी मलिनहा की बातें लोगों के दिलों में बैठ गयीं। जगना भाट आल्हा और ऊदल को कन्नौज से लाने के लिए रवाना हुआ। ये दोनों भाई राजकुँवर लाखन के साथ शिकार खेलने जा रहे थे कि जगना ने पहुंचकर प्रणाम किया। उसके चेहरे से परेशानी और झिझक बरस रही थी। आल्हा ने घबराकर पूछा- कवीश्वर, यहाँ कैसे भूल पड़े? महोबा में खैरियत तो है? हम गरीबों को क्यों याद किया?

जगना की आँखों में आँसू भर आए, बोला- अगर खैरियत होती तो तुम्हारी शरण में क्यों आता। मुसीबत पड़ने पर ही देवताओं की याद आती है। महोबा पर इस वक्त इन्द्र का कोप छाया हुआ है। सम्राट पृथ्वीराज चौहान महोबा को घेरे हुए है। नरसिंह और वीरसिंह तलवारों की भेंट चढ़ चुके हैं। सारा सिरको राख का ढेर हो गया। चंदेलों का राज वीरान हुआ जाता है। सारे देश में कोहराम मचा हुआ है।

बड़ी मुश्किलों से एक महीने की मोहलत ली गई है और मुझे राजा परमाल ने तुम्हारे पास भेजा है। इस मुसीबत के वक्त हमारा कोई मददगार नहीं है, कोई ऐसा नहीं है जो हमारी हिम्मत बँधाये। जब से तुम दोनों महोबा से गए हो, कोई ऐसा नहीं है जो हमारी हिम्मत बँधाये। जब से तुमने महोबा से नाता तोड़ा है तब से राजा परमाल के होंठों पर हँसी नहीं आई।

जिस परमाल को उदास देखकर तुम बेचैन हो जाते थे उसी परमाल की आँखें महीनों से नींद को तरसती हैं। रानी महिलना, जिसकी गोद में तुम खेले हो, रात-दिन तुम्हारी याद में रोती रहती है। वह अपने झरोखे से कन्नौज की तरफ आँखें लगाये तुम्हारी राह देखा करती है।

ऐ बनाफल वंश के सपूतों! चंदेलों की नाव अब डूब रही है। चंदेलों का नाम अब मिटा दिया जाएगा। अब मौका है कि तुम तलवारें हाथ में लो। अगर इस मौके पर तुमने डूबती हुई नाव को न सम्हाला तो तुम्हें हमेशा के लिए पछताना पड़ेगा क्योंकि इस नाम के साथ तुम्हारा और तुम्हारे नामी बाप का नाम भी डूब जाएगा।

आल्हा ने रूखेपन से जवाब दिया- हमें इसकी अब कुछ परवाह नहीं है। हमारा

और हमारे बाप का नाम तो उसी दिन डूब गया, जब हम बेकसूर महोबा से निकाल दिए गए।

महोबा मिट्टी में मिल जाय, चंदेलों को चिराग गुल हो जाय, अब हमें जरा भी परवाह नहीं है। क्या हमारी सेवाओं का यही पुरस्कार था जो हमको दिया गया? हमारे बाप ने महोबा पर अपने प्राण न्यौछावर कर दिये, हमने गौड़ों को हराया और चंदेलों को देवगढ़ का मालिक बना दिया।

हमने यादवों से लोहा लिया और कठियार के मैदान में चंदेलों का झंडा गाड़ दिया। मैंने इन्हीं हाथों से कछवाहों की बढ़ती हुई लहर को रोका। गया का मैदान हमने ही जीता, रीवाँ का घमण्ड हमने ही तोड़ा। मैंने ही मेवात से खिराज लिया। हमने यह सब कुछ किया और इसका हमको यह पुरस्कार दिया गया है?

मेरे बाप ने दस राजाओं को गुलामी का तौक पहनाया। मैंने परमाल की सेवा में सात बार प्राणलेवा जख्म खाए, तीन बार मौत के मुंह से निकल आया। मैंने चालीस लड़ाइयाँ लड़ीं और कभी हारकर न आया।

ऊदल ने सात खूनी मार्के जीते। हमने चंदेलों की बहादुरी का डंका बजा दिया। चंदेलों का नाम हमने आसमान तक पहुंचा दिया और यह पुरस्कार हमको मिला है? परमाल अब उसी दगाबाज माहिल को अपनी मदद के लिए क्यों नहीं बुलाते जिसको खुश करने के लिए हमें देश से निकाला था।

जगना ने जवाब दिया- आल्हा! ये राजपूतों की बातें नहीं हैं। तुम्हारे बाप ने जिस राज पर प्राण न्यौछावर कर दिये वही राज अब दुश्मन के पांव तले रौंदा जा रहा है।

उसी बाप के बेटे होकर भी क्या तुम्हारे खून में जोश नहीं आता? वह राजपूत जो अपने मुसीबत में पड़े हुए राजा को छोड़ता है, उसके लिए नरक की आग के सिवा और कोई जगह नहीं है।

तुम्हारी मातृभूमि पर बर्बादी की घटा छायी हुई है। तुम्हारी माएँ और बहनें दुश्मनों की आबरू लूटनेवाली निगाहों को निशाना बन रही हैं, क्या अब भी तुम्हारे खून में जोश नहीं आता? अपने देश की यह दुर्गत देखकर भी तुम कन्नौज में चैन की नींद सो सकते हो?

देवल देवी को जगना के आने की खबर हुई। उसने फौरन आल्हा को बुलाकर कहा- बेटा, पिछली बातें भूल जाओ और आज ही महोबा चलने की तैयारी करो।

आल्हा कुछ जबाव न दे सका, मगर ऊदल झुंझलाकर बोला- हम अब महोबा नहीं जा सकते। क्या तुम वह दिन भूल गये जब हम कुत्तों की तरह महोबा से निकाल दिए गए थे? महोबा डूबे या रहे, हमारा जी उससे भर गया, अब उसको देखने की इच्छा नहीं है। अब कन्नौज ही हमारी मातृभूमि है।

राजपूतनी बेटे की जबान से यह पाप की बात न सुन सकी, तैश में आकर बोली- ऊदल, तुझे ऐसी बातें मुंह से निकालते हुए शर्म नहीं आती? काश, ईश्वर मुझे बाँझ ही रखता कि ऐसे बेटों की माँ न बनती।

क्या इन्हीं बनाफल वंश के नाम पर कलंक लगानेवालों के लिए मैंने गर्भ की पीड़ा सही थी? नालायकों, मेरे सामने से दूर हो जाओ। मुझे अपना मुँह न दिखाओ। तुम जसराज के बेटे नहीं हो सकते।

यह मर्मान्तिक चोट थी। शर्म से दोनों भाइयों के माथे पर पसीना आ गया। दोनों उठ खड़े हुए और बोले- माता, अब बस करो, हम ज्यादा नहीं सुन सकते, हम आज ही महोबा जायेंगे और राजा परमार की खिदमत में अपना खून बहायेंगे।

हम रणक्षेत्र में अपनी तलवारों की चमक से अपने बाप का नाम रोशन करेंगे। हम चौहान के मुकाबले में अपनी बहादुरी के जौहर दिखायेंगे और देवल देवी के बेटों का नाम अमर कर देंगे।

दोनों भाई कन्नौज से चले, देवल भी साथ थी। जब वे रूठनेवाले अपनी मातृभूमि में पहुँचे तो सूखे धानों में पानी पड़ गया, टूटी हुई हिम्मतें बंध गयीं। एक लाख चंदेल इन वीरों की अगवानी करने के लिए खड़े थे।

बहुत दिनों के बाद वह अपनी मातृभूमि से बिछुड़े हुए इन दोनों भाइयों से मिले। आँखों ने खुशी के आँसू बहाए। राजा परमार उनके आने की खबर पाते ही कीरत सागर तक पैदल आया। आल्हा और ऊदल दौड़कर उसके पांव से लिपट गए। तीनों की आंखों से पानी बरसा और सारा मनमुटाव धुल गया।

दुश्मन सर पर खड़ा था, ज्यादा आतिथ्य-सत्कार का मौका न था, वहीं कीरत सागर के किनारे देश के नेताओं और दरबार के कर्मचारियों की राय से आल्हा फौज का सेनापति बनाया गया। वहीं मरने-मारने के लिए सौगन्ध खाई गई कि मैदान से हटेंगे तो मरकर हटेंगे।

वहीं लोग एक दूसरे से गले मिले और अपनी किस्मत को फैसला करने चले। आज किसी की आँखों में और चेहरे पर उदासी के चिह्न न थे, औरतें हँस-हँस कर अपने प्यारों को विदा करती थीं, मर्द हँस-हँसकर स्त्रियों से अलग होते थे क्योंकि यह आखिरी बाजी है, इसे जीतना जिन्दगी, और हारना मौत है।

उस जगह के पास जहाँ अब और कोई कस्बा आबाद है, दोनों फौजों का मुकाबला हुआ। राजा जयचंद ने भी अपनी सेना सम्राट पृथ्वीराज चौहान से युद्ध करने के लिए भेज दी। दोनों की सम्मिलित सेना लगभग एक लाख की थी।

इस सेना को लेकर आल्हा और ऊदल अपने स्वामी की ओर से युद्ध करने के

लिए निकल पड़े। चंदेलों की इस विशाल सेना को देखकर सम्राट पृथ्वीराज ने भी अपनी सेना को चार भागों में विभक्त किया।

नरनाह और कान्हा समस्त चौहान सेना का सेनापति नियुक्त हुआ [W1]और पुंडीर, लाखनसिंह, कनाक्राय कान्हा की मदद के लिए नियुक्त हुए। यद्यपि चंदेल सेना एक लाख थी, तथापि सम्राट पृथ्वीराज चौहान की कुछ ऐसी धाक जमी हुई थी कि सभी घबरा रहे थे।

कान्हा की आंख की पट्टी खोल दी गयी, पट्टी खुलते ही उसने इस वेग से आक्रमण किया कि दुश्मन के पांव उखड़ने लगे। बहुत ही घोर युद्ध होने लगा।

राजा परमार पहले ही दस हज़ार सेना लेकर कालिंजर किले में भाग गए, परन्तु वीर बाकुंड़े आल्हा और ऊदल अपने स्थान पर ही डटे रहे। वे जिधर जाते, अपने दुश्मनों को साफ़ कर देते। आल्हा ऊदल के होते हुए भी प्रथम दिवस के युद्ध में चौहान सेना ही विजयी रही।

राजा परमार के किले में भाग जाने के बावजूद उसका पुत्र ब्रह्मजीत युद्धक्षेत्र में मौजूद था, आल्हा ने उसे चले जाने के लिए कहा, पर उसने कहा कि युद्ध मैदान से भागना कायरों का काम है।

प्रथम दिवस का युद्ध समाप्त होते होते पृथ्वीराज की सेना द्वारा जयचंद और परमार के कई सामंत समेत हजारों सिपाही भी मारे गए।

दूसरे दिन का युद्ध फिर शुरू हुआ। आज ऊदल बीस हज़ार सैनिकों को लेकर युद्ध मैदान में आ पहुंचा, आज उसकी वीरता की प्रशंसा उसके शतु भी करने लगे, ऊदल की वीरता को देखकर चौहान सेना विचलित हो उठी, यह देख सम्राट पृथ्वीराज चौहान स्वयं ही युद्ध मैदान में आकर ऊदल का सामना करने लगे।

बहुत देर तक युद्ध हुआ, परन्तु कोई कम न था, सम्राट पृथ्वीराज चौहान के हाथों ऊदल बुरी तरह घायल हो गया और आखिरकार वह उनके हाथों मारा गया। ऊदल की मृत्यु का समाचार सुनकर ब्रह्मजीत और आल्हा बहुत क्रोधित हो उठे और अपने प्राणों की ममता छोड़ कर लड़ने लगे।

आल्हा और ब्रह्मजीत ने लड़ते-लड़ते सम्राट पृथ्वीराज चौहान को एक स्थान पर घेर लिया, पृथ्वीराज को घिरा देखकर कान्हा उनकी ओर अग्रसर हुआ, परन्तु आल्हा ने कान्हा पर ऐसा वार किया कि वह बेहोश होकर गिर पड़ा, कान्हा को बेहोश होता देख संजम राय पृथ्वीराज की मदद करने आगे आये, पर वह भी आल्हा के हाथों मारे गए।

चंदबरदाई ने संजम राय की मृत्यु को बहुत ही गर्वित अक्षरों में लिखा है, उनके

बारे में लिखा है कि 'ऐसा दोस्त न कभी पैदा हुआ है और न ही कभी पैदा होगा।' संजम राय ने सम्राट पृथ्वीराज की खातिर अपने प्राण दे दिए।

संजम राय, सम्राट पृथ्वीराज चौहान के बहुत ही घनिष्ठ मित्र थे और जब सम्राट पृथ्वीराज चौहान को संजम राय की मृत्यु का समाचार मिला तो उनके क्रोध की कोई सीमा न रही, और जल्द ही उन्होंने ब्रह्मजीत को मार गिराया। ब्रह्मजीत के मरते ही सारी चंदेल सेना में कोहराम मच गया। चंदेल सेना तितर-बितर होने लगी, सम्राट पृथ्वीराज चौहान के सिर पर तो मानो आज खून सवार था, अपनी सेना को हारता देखकर जब आल्हा को लगा कि वह किसी भी तरह अपनी सेना की रक्षा नहीं कर सकता है तो वीर आल्हा ने जंगल जाकर संन्यास ले लिया।

चंदेल सेना भाग खड़ी हुई। इसी बीच पांच हज़ार सेना लेकर चामुंडराय कालिंजर किले की ओर अग्रसर हो गया, यद्यपि राजा परमार ने अपनी रक्षा का पूरा-पूरा प्रबंध कर लिया था, लेकिन चामुंडराय ने वीरता से आक्रमण कर कालिंजर किले में अपना अधिकार जमा लिया। और इस तरह महोबा और कालिंजर में सम्राट पृथ्वीराज चौहान का अधिकार हुआ।

प्राप्त शिलालेख व कुछ साहित्यिक रचनाओं से पता चलता है कि कुछ वर्षों के भीतर ही चंदेलों ने अपने खोये हुए राज्यों पर पुनः अधिकार कर लिया।

इन गल्पकाव्यों में कितना ऐतिहासिक सत्य है यह निश्चित करना कठिन है। परन्तु इतना निश्चित है कि सम्राट पृथ्वीराज चौहान ने चंदेलों को अवश्य पराजित किया। पराजित राजा परमार को संधि करनी पड़ी।

सम्राट पृथ्वीराज चौहान ने चंदेलों के राज्य को अपने राज्य में नहीं मिलाया, केवल कुछ सीमान्त गाँवों को ही अपने राज्य में मिलाया।

गोपीनाथ शर्मा का मत है कि चौहान इस विजय से स्थायी लाभ नहीं उठा सके। चंदेलों ने अपनी भूमि को पुनः प्राप्त कर लिया।

चंदेलों व गहड़वालों का संगठन सम्राट पृथ्वीराज चौहान के लिए 'सैनिक व्यय' का कारण बन गया। यह विजय आर्थिक दृष्टि से सम्राट पृथ्वीराज चौहान के लिए महंगी पड़ी और साथ-ही-साथ चंदेल उसके शत्रुओं की नामावली में गिने जाने लगे।

मांडवकर और मेवात विजय

नाहरराय ने सम्राट पृथ्वीराज चौहान को दिल्ली में तेरह वर्ष की उम्र में देखा था और उनके इस गुण से प्रभावित होकर अपनी कन्या का विवाह सम्राट पृथ्वीराज चौहान के सोलह वर्ष की उम्र में कर देने का वचन महाराज सोमेश्वर चौहान को दे दिया था।

जब सम्राट पृथ्वीराज चौहान 16 वर्ष के हुए और विवाह का समय आया तब नाहरराय का विचार परिवर्तित हो गया और अपनी कन्या का विवाह सम्राट पृथ्वीराज चौहान से करना अनुचित समझा।

जो दूत विवाह की बात पक्की करने गया था, जब उसने लौटकर महाराज सोमेश्वर राज चौहान को सारी बात बताई तब महाराज सोमेश्वर और सभी सामंतों ने इसे अपमान समझा।

महाराज सोमेश्वर राज ने अपने पुत्र सम्राट पृथ्वीराज को मांडवकर पर आक्रमण करने की आज्ञा दे दी। सम्राट पृथ्वीराज अपनी सेना लेकर मांडवकर की ओर दौड़ पड़े।

नाहरराय ने मीणा जाति के सरदार पर्वत राय को अपना सेनापति बनाकर एक बहुत बड़ी सेना जमा कर ली और युद्ध शुरू हो गया।

बहुत की भयानक युद्ध हुआ परन्तु विजयलक्ष्मी सम्राट पृथ्वीराज चौहान के गले में हार पहना गयी। पर्वत राय मारा गया और नाहरराय राज्य सीमा से स्थित गिरिनार के पर्वत में जा छुपा।

अब उन्हें अपनी गलती का एहसास हुआ और अपने दिए हुए वचन पर कायम न रहने के प्रायश्चित स्वरूप इतने सारे निर्दोषों का रक्त बहता देखना पड़ा। अंत में उसने सम्राट पृथ्वीराज चौहान से क्षमा मांग कर अपनी बेटी जमावती का विवाह उनसे कर दिया। सम्राट पृथ्वीराज चौहान जमावती से विवाह कर उसे अजमेर ले आये।

महाराज सोमेश्वर राज चौहान ने सम्राट पृथ्वीराज चौहान और जमावती के विवाह के बाद अपना ध्यान फिर से राज्य विस्तार की ओर लगाया। उस समय अजमेर में शांति विराजी हुई थी, प्रजा में किसी तरह का असंतोष न था।

महाराज सोमेश्वर राज चौहान शांति के विरोधी नहीं थे, जब बातों से बिलकुल भी काम नहीं निकलता था तभी केवल तभी वे शस्त्र का प्रयोग करते थे।

उस समय मेवात के राजा मुद्‌गलराय महाराज सोमेश्वर के अधीन थे पर फिर भी वे उनको कर नहीं देते थे, इस पर महाराज सोमेश्वर राज ने उनके पास अपना दूत भेजवा कर समझाना चाहा, पर वे नहीं माने। अंत में लाचार होकर उन्हें आक्रमण करना पड़ा।

परन्तु महाराज सोमेश्वर राज मेवात की सीमा पर जाकर रुक गए। वे सोचने लगे कि बिना कारण ही इतने सारे मनुष्यों का संहार हो जायेगा। यदि बातों से ही काम निकल जाता तो अच्छा होता इसलिए सीमा पर उन्होंने फिर से अपना एक दूत भेजकर उन्हें समझाना चाहा पर मुद्‌गलराय ने एक न मानी।

महाराज सोमेश्वर बहुत ही उलझन में पड़ गए कि उनसे कर लेना उचित होगा या इतने मनुष्यों की जान बचाना। वे कुछ विचार नहीं कर पाए, अंत में उन्होंने इसकी सूचना सम्राट पृथ्वीराज चौहान को अजमेर में दे दी।

सम्राट पृथ्वीराज चौहान ने मन ही मन यह सोचा कि पिताजी यह कर क्या रहे हैं, कभी सीधी ऊँगली से भी भला घी निकला है, अब सम्राट पृथ्वीराज रातों रात मेवात की सीमा में जा पहुंचे।

उस समय सोमेश्वर राज चौहान सो रहे थे, इधर सम्राट पृथ्वीराज ने दुश्मन की संख्या का पता लगा कर उस पर आक्रमण कर दिया और मुद्गलराय को पकड़कर महाराज सोमेश्वर राज के सामने पेश किया। उन्होंने उसे कैदखाने में डाल दिया। इस तरह से मेवात पर महाराज सोमेश्वर राज का अधिकार हो गया।

सम्राट पृथ्वीराज चौहान व अन्य विद्रोह

उस समय भारत की सुख समृद्धि के शीर्ष पर थी। विदेशियों की नज़र शुरुआत से ही इस देश पर थी। वे व्यापारी, साधु, फकीर आदि के रूप में यहां आकर लोगों को धोखा और राज्य के गुप्त भेद जानने का प्रयत्न करते रहते थे।

एक बार आजमेर में रोशन अली नाम का फकीर प्रजा को धोखा दे रहा था। जब सम्राट पृथ्वीराज चौहान को इस बात का पता चला तब उन्होंने अपने सामंत चामुंडराय को उसके पास भेजकर समझाना चाहा पर जब वह नहीं माना तब सम्राट पृथ्वीराज चौहान ने उसकी उँगलियाँ कटवा कर देश से निकलवा दिया।

रोशन अली ने सरदार मीर के पास जाकर सम्राट पृथ्वीराज चौहान की बहुत निंदा की, पर उत्तेजित होने पर भी वह उनपर आक्रमण न कर पाया क्योंकि उसे अपनी औकात के बारे में अच्छी तरह से पता था।

सरदार मीर अब सौदागर के भेष में अजमेर आया और साथ में अरब के एक सरदार को अपने साथ लाया, सम्राट पृथ्वीराज चौहान ने उनसे एक अच्छा सा घोड़ा देखकर खरीद लिया। कहा जाता है कि उस दिन अजमेर में भूकंप आया था, जिसके कारण तारागढ़ का प्रसिद्ध दुर्ग भूमि में धंस गया था।

मीर ने इस बात का फायदा उठाना चाहा और नगर में कुछ सैनिकों के साथ लूटपाट मचा दी परन्तु सम्राट पृथ्वीराज चौहान और उनके वीर राजपूत ने उनका इस तरह से सामना किया कि वे अपना सब कुछ छोड़ कर अपने प्राण बचाकर वहां से भाग गए।

मोहम्मद गोरी की बढ़ती हुई महत्वाकांक्षाएं बनीं पृथ्वीराज के लिए मुसीबत

मोहम्मद गोरी एक महत्त्वाकांक्षी शासक था। वह भारत में अपने राज्य का विस्तार करना चाहता था। मोहम्मद गोरी मध्य एशिया की राजनीति में भी महत्त्वपूर्ण भूमिका अदा करना चाहता था।

अपने उद्देश्य की पूर्ति के लिए उसे विपुल धन-सम्पदा की आवश्यकता थी। यह आवश्यकता भारत से पूरी की जा सकती थी। तत्कालीन भारत की राजनीतिक स्थिति भी मोहम्मद गोरी के अनुकूल थी।

उस समय देश में केन्द्रीय सत्ता का अभाव था। अलग-अलग क्षेत्रों में स्वतंत्र राजवंशों की नीवें सुदृढ़ हो चुकी थीं। इन विभिन्न राजवंशों में एकता का अभाव था। वे एक-दूसरे को परास्त करने के लिए सदैव तत्पर रहते थे।

मोहम्मद गोरी को भारतीय शासकों की इन दुर्बलताओं की पूरी जानकारी थी। वह भारत में अपने राज्य का विस्तार करना चाहता था, परन्तु इसके लिए मार्ग की पहली बाधा सम्राट पृथ्वीराज चौहान को हराना आवश्यक था। मोहम्मद गोरी की बढ़ती हुई महत्त्वाकांक्षाओं के कारण ही भारत को परतंत्रता का मुंह देखना पड़ा।

सम्राट पृथ्वीराज चौहान एवं मुहम्मद गोरी के मध्य संघर्ष व युद्ध

सम्राट पृथ्वीराज चौहान के समय उत्तर-पश्चिम में गयासुद्दीन गोरी गौर प्रदेश का शासक था। गयासुद्दीन गोरी ने 1773 ई. में अपने छोटे भाई मुहम्मद गोरी को गजनी का गवर्नर बनाया था।

'तबकाते-नशिरी' के अनुसार, 1173 में मोहम्मद गोरी को गजनी का गवर्नर नियुक्त किया गया। इसके दो वर्ष बाद ही उसने भारत में प्रथम अभियान किया।

मोहम्मद गोरी ने बिना किसी प्रतिरोध के मुल्तान पर 1175 ई. में अधिकार कर लिया। उसने उच्च के भाटी राजपूत शासकों तथा कर्मेथियनों को हराकर और षड्यंत्र द्वारा मारकर इस प्रदेश पर भी अधिकार कर लिया।

इन प्रारंभिक सफलताओं से प्रोत्साहित होकर मोहम्मद गोरी ने 1178 ई. में गुजरात पर आक्रमण किया। परन्तु आबू के निकट गुजरात के चालुक्य शासक भीमदेव ने इसे बुरी तरह परास्त किया, पर इस पराजय से मोहम्मद गोरी हताश होने वाला व्यक्ति नहीं था। मोहम्मद गोरी ने पंजाब को जीतने का निश्चय किया और वह पंजाब को अधिकृत करने में सफल भी रहा।

मोहम्मद गोरी ने पहले सिंध एवं पेशावर अपने अधीन किए तथा 1181 ई. में सियालकोट के दुर्ग का निर्माण करवाया। 1186 ई. में मुहम्मद गोरी ने लाहौर के शासक खुसरुशाह मलिक को पराजित कर पंजाब प्रान्त पर भी अधिकार कर लिया। पंजाब विजय से पूर्व गोरी सम्पूर्ण सिंध प्रान्त को जीत चुका था।

उस समय दिल्ली एवं अजमेर पर सम्राट पृथ्वीराज चौहान का शासन था। सम्राट पृथ्वीराज चौहान पंजाब में भी अपना सिक्का जमाना चाहते थे, लेकिन चूंकि उस दौरान पंजाब में, मोहम्मद शहाबुद्दीन गोरी का शासन था। सम्राट पृथ्वीराज चौहान की

यह इच्छा मोहम्मद गोरी से युद्ध करने पर ही पूरी हो सकती थी। इसके बाद, उन्होंने मोहम्मद गोरी पर आक्रमण कर दिया।[W2]

मोहम्मद गोरी की विजयों के परिणामस्वरूप भारत में उसके अधिकृत प्रदेश की सीमाएँ सम्राट पृथ्वीराज चौहान के राज्य की सीमाओं से जा मिली थीं। इससे दोनों पक्षों के मध्य समय-समय पर सीमान्त समस्याएँ तथा संघर्ष होना स्वाभाविक था।

साहित्यिक रचनाओं में सम्राट पृथ्वीराज चौहान व मोहम्मद गोरी के मध्य लड़े गए युद्धों की संख्या काफी बड़ी थी। चंदबरदाई ने 'पृथ्वीराज रासो' में दोनों के मध्य ऐसी 21 लड़ाइयों का उल्लेख किया है। 'हम्मीर महाकाव्य' में सम्राट पृथ्वीराज चौहान के साथ ऐसी 7 लड़ाइयों का जिक्र हुआ है। इसमें सम्राट पृथ्वीराज चौहान द्वारा मोहम्मद गोरी को 7 बार हराने की बात कही गयी है।

इसी प्रकार अन्य ग्रंथों में भी अतिशयोक्तिपूर्ण संख्याएँ दी गई है। जबकि दोनों पक्षों के मध्य एक ही वर्ष के अन्तराल में दो निर्णायक युद्ध लड़े गये थे।

मुहम्मद गोरी की भी राज्य विस्तार की आकांक्षा के कारण सम्राट पृथ्वीराज चौहान से कई छुट-पुट लड़ाइयां हुई थीं।

कुछ इतिहासकारों का कथन है कि भारत के भीतरी क्षेत्रों पर अधिकार जमाने के लिए मोहम्मद गोरी का दिल्ली और अजमेर को जीतना आवश्यक था, जबकि अपने राज्य को सुरक्षित बनाए रखने के लिए सम्राट पृथ्वीराज चौहान के लिए मोहम्मद गोरी को उत्तर-पश्चिम से खदेड़ना आवश्यक था। अत: दोनों में संघर्ष अवश्यंभावी हो गया।

तराइन का प्रथम युद्ध (1191ई.)

आपको बता दें कि तराइन का प्रथम युद्ध अफगानी लुटेरे मोहम्मद गोरी और सम्राट पृथ्वीराज चौहान के बीच 1191 में लड़ा गया था। वर्तमान में तराइन नामक स्थान हरियाणा में पड़ता है।

इस युद्ध में सम्राट पृथ्वीराज के पास तीन लाख सैनिकों की विशाल सेना थी, जबकि मोहम्मद गोरी के पास एक लाख के करीब सैनिक थे, जिसमें ज्यादातर अश्व सवार सैनिक थे।

इस युद्ध का मूल कारण तत्कालीन राजनीतिक व आर्थिक स्थिति में निहित था। तराइन का यह प्रथम युद्ध एक भीषण युद्ध साबित हुआ। इस भीषण युद्ध का निर्णायक रूप आने पर मोहम्मद गोरी को अपनी हार का सामना पड़ा।

युद्ध के दौरान मोहम्मद गोरी घायल हो गया था। घायल अवस्था में, मोहम्मद गोरी रणभूमि छोड़कर गजनी भाग गया था। यह युद्ध निर्णायक रहा। इस युद्ध में सम्राट पृथ्वीराज चौहान की जीत हुई।

शुरुआत से ही सम्राट पृथ्वीराज चौहान ने अपनी विशाल सेना की वजह से, न सिर्फ कई युद्ध जीते, बल्कि वे अपने राज्य का विस्तार करने में भी कामयाब रहे।

सम्राट पृथ्वीराज चौहान जैसे-जैसे युद्ध जीतते गए, वैसे-वैसे अपनी सेना को भी बढ़ाते गए। अपने राज्य के विस्तार को लेकर सम्राट पृथ्वीराज चौहान हमेशा ही सजग रहते थे और उन्होंने अपने राज्य में, कुशल नीतियों के चलते, अपने राज्य का विस्तार करने में, कोई भी कसर नहीं छोड़ी थी।

इस बार सम्राट पृथ्वीराज चौहान ने अपने राज्य के विस्तार के लिए पंजाब को चुना था। सम्राट पृथ्वीराज चौहान पंजाब में अपना सिक्का जमाना चाहते थे, लेकिन उस दौरान संपूर्ण पंजाब पर मुहम्मद शहाबुद्दीन गोरी का शासन था, वह पंजाब के ही भटिंडा से अपने राज्य पर शासन करता था।

मोहम्मद गोरी से युद्ध किए बिना पंजाब पर शासन करना सम्राट पृथ्वीराज चौहान के लिए नामुमकिन था, तो इसी उद्देश्य से सम्राट पृथ्वीराज चौहान ने अपनी विशाल और शूरवीर सेना को लेकर मोहम्मद गोरी पर आक्रमण कर दिया।

सर्वप्रथम पृथ्वीराज चौहान ने सरहिंद, सरस्वती और हांसी पर अपना अधिकार स्थापित कर लिया। इस हमले के बाद, मोहम्मद गोरी ने तबर-ए-हिन्द (वर्तमान में भटिंडा) क्षेत्र पर कब्ज़ा करने के लिए आक्रमण किया था। उस समय यह क्षेत्र जियाउद्दीन तुल्क के अधीन था।

सम्राट पृथ्वीराज चौहान अपने क्षेत्र से आक्रांताओं को भगाने हेतु सरहिंद पर आक्रमण करने हेतु बढ़ा, और अपनी सेना लेकर वहाँ पहुँचा। मुहम्मद गोरी अपने विजित क्षेत्र को बचाने हेतु विशाल सेना सहित तराइन के मैदान (हरियाणा के करनाल एवं थानेश्वर के मध्य तराइन) में आ डटा।

मुहम्मद गोरी ने इस दुर्ग की रक्षा के लिए काजी-जियाउद्दीन को 12,000 सैनिकों के साथ नियुक्त किया।

इसी बीच अनहिलवाड़ा मे विद्रोह हो गया और सम्राट पृथ्वीराज चौहान को वहां जाना पड़ा, और उधर सम्राट पृथ्वीराज चौहान की अनुपस्थिति में उनका सैन्य बल कमजोर पड़ गया और उनकी सेना ने अपनी कमांड खो दी।

इसके चलते सम्राट पृथ्वीराज चौहान को सरहिंद के किले से, अपना अधिकार खोना पड़ा। सरहिंद के दुर्ग पर मुसलमानों का अधिकार हो जाने पर चौहान राज्य की सुरक्षा के लिए अब गंभीर संकट उत्पन्न हो गया।

जब सम्राट पृथ्वीराज चौहान को इसके बारे में पता चला तो वह अपने पुत्र गोविंदराजा के साथ जियाउद्दीन की सहायता करने (भटिंडा) सरहिंद निकल पड़े। इस समय उनका ध्येय यहाँ से मोहम्मद गोरी की सेना को खदेड़ कर दुर्ग को अपने अधिकार में लेना था।

मोहम्मद गोरी को सम्राट पृथ्वीराज चौहान की गतिविधियों की जानकारी मिल गयी थी। उसने वापस गजनी लौटने का विचार त्याग दिया और आगे बढ़कर सम्राट पृथ्वीराज चौहान से मोर्चा लेने का निश्चय किया, तदनुसार मोहम्मद गोरी आगे बढ़ा।

अब तराइन के ऐतिहासिक मैदान में दोनों सेनाएँ एक-दूसरे के सामने आ डटीं और अब जब सम्राट पृथ्वीराज चौहान अनहिलवाड़ा से वापस लौटे, तो उन्होंने दुश्मनों के छक्के छुड़ा दिये। युद्ध में केवल वही सैनिक बचे, जो मैदान से भाग खड़े हुये।

युद्ध के प्रारंभ से ही चौहानों का पलड़ा भारी रहा। उन्होंने मुस्लिम सेना पर दोनों ओर से भयंकर आक्रमण किया, जिससे मुस्लिम सेना में खलबली मच गई। परन्तु ऐसी स्थिति में भी मोहम्मद गोरी हताश नहीं हुआ। वह अपनी सम्पूर्ण शक्ति के साथ राजपूतों पर टूट पड़ा।

मोहम्मद गोरी ने सम्राट पृथ्वीराज चौहान के सामंत दिल्ली के गोविन्दराज के ऊपर भाले का जोरदार प्रहार किया, जिससे उसके दो दाँत टूट गये परन्तु गोविन्दराज ने साहस नहीं खोया।

गोविन्दराज ने अपनी पूरी ताकत के साथ मोहम्मद गोरी पर कटारी का वार किया। जिससे मोहम्मद गोरी बुरी तरह घायल हो गया।

कुछ समय बाद ही मोहम्मद गोरी अचेत हो गया और अपने घोड़े से गिरने ही वाला था कि उसके एक स्वामीभक्त खिलजी सैनिक ने उसे देख लिया, वह कूदकर मोहम्मद गोरी के पीछे चढ़ गया और सुल्तान को अश्व सहित सुरक्षित युद्धभूमि से बाहर ले गया।

मोहम्मद गोरी के पलायन करते ही मुस्लिम सेना के जल्दी ही पैर उखड़ गये और वह मैदान छोड़कर भाग खड़ी हुई तथा गजनी की ओर चली गई।

राजपूतों ने भागती हुई मुस्लिम सेना का पीछा नहीं किया जिससे वह भारी क्षति से बच गई। कुछ दिनों बाद राजपूतों ने तबरहिन्द (सरहिंद) पर आक्रमण किया और दुर्ग पर अपना अधिकार जमा लिया।

सम्राट पृथ्वीराज चौहान द्वारा तबरहिंद (सरहिंद) पर अधिकार कर मोहम्मद गोरी के सेनानायक काजी जियाउद्दीन को बंदी बनाकर अजमेर लाया गया। परन्तु बाद में उसे सम्मान सहित रिहा कर दिया।

कुछ इतिहासकारों का मानना है कि इस युद्ध में मुहम्मद गोरी भी अधमरे हो गया परंतु उसके एक सैनिक ने उसकी हालत का अंदाजा लगाते हुये, उसे घोड़े पर डाला और अपने महल ले गया तथा उपचार करवाया।

इस प्रकार कहा जा सकता है कि इस युद्ध में मोहम्मद गोरी की बहुत ही भारी पराजय हुई थी। इस तरह यह युद्ध परिणामहीन रहा।

तराइन का प्रथम युद्ध यद्यपि सम्राट पृथ्वीराज चौहान की सैनिक सफलता का चरमोत्कर्ष था। तथापि इस अवसर पर उनकी नीति की अधिकांश इतिहासकारों ने आलोचना की है।

यह युद्ध सरहिंद किले के पास तराइन नामक स्थान पर हुआ, इसलिए इसे तराइन का युद्ध भी कहते हैं। इस युद्ध में तकरीबन 7 करोड़ से भी ज्यादा की संपत्ति सम्राट पृथ्वीराज चौहान ने हासिल की थी, जिसमें से कुछ उन्होंने अपने पास रखी थी और बाकी अपने सैनिकों में बांट दी थी।

इस विजय के बाद सम्राट पृथ्वीराज चौहान द्वारा मुहम्मद गोरी व उसकी सेना को जाने देना, उनकी सबसे बड़ी भूल मानी गई। इसका खामियाजा अगले ही साल तराइन के द्वितीय युद्ध में भुगतना पड़ा।

मोहम्मद गोरी के लिए तराइन का युद्ध एक महान अपमानजनक घटना थी। वह इस पराजय को भूल नहीं सका और प्रतिशोध लेने के लिए सैनिक तैयारी में जुट गया।

कई इतिहासकारों का मानना है कि यदि इस युद्ध में सम्राट पृथ्वीराज चौहान, मोहम्मद गोरी को समूल नष्ट कर देते, तो भारत पर कभी विदेशी आक्रमणकारियों का राज नहीं होता।

कई इतिहासकारों का कथन है कि मोहम्मद गोरी को सम्राट पृथ्वीराज चौहान ने 17 बार पराजित किया था, लेकिन हर बार उन्होंने, उसे जीवित ही छोड़ दिया।

तराइन का द्वितीय युद्ध (1192 ई.)

अपनी हार के बाद मोहम्मद गोरी दोबारा लौटा और सम्राट पृथ्वीराज चौहान को युद्ध के लिए ललकारने लगा। इस युद्ध के लिए मोहम्मद गोरी ने अपनी सेना को और मजबूत कर लिया था।

उधर प्रथम युद्ध में जीत के बाद सम्राट पृथ्वीराज निश्चिन्त हो गए थे। उन्हें लगा कि अब मोहम्मद गोरी दुबारा हमला नहीं करेगा, इसलिए वे सभी जीत का जश्न मनाने लगे, जबकि मोहम्मद गोरी ने पूरे मनोयोग से विशाल सेना पुनः एकत्रित की एवं युद्ध की तैयारियों में व्यस्त रहा।

मोहम्मद गोरी ने इतनी बड़ी सेना तैयार करने के लिए 1 लाख से अधिक अफगान घुड़सवार सैनिक और पैदल तुर्क सैनिकों को अपनी सेना में शामिल किया।

सालभर की तैयारी के बाद लगभग 1,20,000 चुने हुए घुड़सवारों की एक विशाल सेना के साथ मोहम्मद गोरी ने पुनः भारत में प्रवेश किया।

एक वर्ष बाद 1192 ई. में ही मोहम्मद गोरी अपनी विशाल सेना के साथ सम्राट

पृथ्वीराज चौहान से अपनी हार का बदला लेने हेतु लाहौर और मुल्तान के रास्ते पुनः तराइन के मैदान में आ डटा।

तराइन का द्वितीय युद्ध मोहम्मद गोरी और पृथ्वीराज चौहान दोनों के बीच एक भयंकर भीषण युद्ध था। इस युद्ध में एक तरफ अफगान मुसलमानों की विशाल सेना थी, तो दूसरी तरफ राजपूती सेना।

तराइन के द्वितीय युद्ध में मोहम्मद गोरी ने बड़ी चालाकी से सम्राट पृथ्वीराज चौहान की गलतियों का फायदा उठाकर उन्हें बंदी बना लिया था।

इतिहासकारों का मानना है कि तराइन के द्वितीय युद्ध में राजा जयचंद ने अपने अपमान का बदला लेने के लिए मोहम्मद गोरी की सहायता की थी, जो पृथ्वीराज की हार का सबसे बड़ा कारण बना।

अपनी पुत्री संयोगिता के अपहरण के बाद राजा जयचंद के मन मे सम्राट पृथ्वीराज चौहान के लिए कटुता बढ़ती चली गयी तथा उसने सम्राट पृथ्वीराज चौहान को अपना दुश्मन बना लिया था। वह सम्राट पृथ्वीराज चौहान के खिलाफ अन्य राजपूत राजाओं को भी भड़काने लगा था।

जब राजा जयचंद को मुहम्मद गोरी और सम्राट पृथ्वीराज चौहान के युद्ध के बारे मे पता चला, तो वह सम्राट पृथ्वीराज चौहान के खिलाफ मुहम्मद गोरी के साथ खड़ा हो गया।

राजा जयचंद और मोहम्मद गोरी, दोनों ने मिलकर सन 1192 में पुनः पृथ्वीराज चौहान पर आक्रमण किया। यह युद्ध तराइन के मैदान में हुआ।

सम्राट पृथ्वीराज चौहान को समाचार मिलते ही वह भी सेना सहित युद्ध मैदान की ओर बढ़ा। उसके साथ उसके बहनोई मेवाड़ शासक समरसिंह एवं दिल्ली के गवर्नर गोविन्दराज भी थे।

मोहम्मद गोरी ने सम्राट पृथ्वीराज चौहान के पास संधि हेतु अपना दूत भिजवाया व अपनी अधीनता स्वीकार करने हेतु कहा, इसका उल्लेख हसन निजामी द्वारा उसकी पुस्तक में किया गया है।

ताजुलम आसिर ने लिखा है कि मोहम्मद गोरी ने रुक्नुद्दीन हमजा को अपना दूत बनाकर सम्राट पृथ्वीराज चौहान के पास अजमेर भेजा।

उसने दूत के माध्यम से संदेश भिजवाया कि वह (पृथ्वीराज) इस्लाम स्वीकार करके उसकी (गोरी) अधीनता स्वीकार कर ले।

सम्राट पृथ्वीराज चौहान ने प्रति उत्तर में मोहम्मद गोरी को कहलवा भेजा कि वह चुपचाप वापस लौट जाये अन्यथा उसे भारी हानि उठानी पड़ेगी।

इसके बाद सम्राट पृथ्वीराज चौहान ने भी अपनी विशाल सेना सहित तराइन की

तरफ कूच किया। सम्राट पृथ्वीराज चौहान की विशाल सेना को देखकर मोहम्मद गोरी कुछ घबरा गया तथा उसने कूटनीति के साथ काम किया।

मोहम्मद गोरी ने पुनः सम्राट पृथ्वीराज चौहान के पास अपना दूत भेजकर कहलवाया, "अपने बड़े भाई की आज्ञा लेना जरूरी है। मैं उसके पास संदेश भेज रहा हूँ, वैसे मैं तो संधि में रुचि रखता हूँ।"

इस प्रकार मोहम्मद गोरी ने संधि-वार्ता के बहाने सम्राट पृथ्वीराज चौहान को भुलावे में रखने का प्रयास किया और संभवतः सम्राट पृथ्वीराज गोरी के भुलावे में आ भी गए।

सम्राट पृथ्वीराज चौहान ने मोहम्मद गोरी की बातों का विश्वास कर लिया तथा सम्पूर्ण हिन्दू सेना विश्राम करने लगी। दूसरी तरफ मोहम्मद गोरी ने अपने षड्यंत्र की अत्यधिक गोपनीयता रखी।

मोहम्मद गोरी ने 10-10 हजार अश्वारोहियों के 4 दल तैयार किये और चारों को अलग-अलग दिशाओं की ओर बिखेर, चौहान सेना पर अचानक तेजी के साथ आक्रमण करने को कहा।

चारों अश्वारोही दलों को रात्रि में चुपचाप आगे बढ़ना था। राजपूतों को भुलावे में रखने के लिए मोहम्मद गोरी ने अपने पदादि सैनिकों को रातभर तम्बुओं के बाहर मसाल जलाकर जश्न मनाने को कहा।

इसके बाद मोहम्मद गोरी ने अपने बचे हुए पदादि सैनिकों को लेकर काफी लम्बा चक्कर लगाया और सूर्योदय के बहुत पहले सम्राट पृथ्वीराज की सेना के पिछवाड़े जा पहुंचा।

अब तक उसके अश्वारोही सैनिक भी चारों दिशाओं से चौहान सेना के काफी निकट आ चुके थे। सुबह होते ही गौरी के आदेशानुसार मुस्लिम सेना ने चारों तरफ से सम्राट पृथ्वीराज चौहान की सेना पर आक्रमण कर दिया।

इस समय सम्राट पृथ्वीराज चौहान की सेना नित्य कर्म करने में व्यस्त थी। बहुत से हिन्दू सैनिक शौच आदि कार्यों से लौटे ही थे और बहुत से स्नान आदि में लगे थे। उन्हें इस समय आक्रमण का सन्देह नहीं था।

अचानक आक्रमण से सम्राट पृथ्वीराज चौहान की सेना में उथल-पुथल मच गई, अतः मुस्लिम आक्रमण के साथ ही चौहान सेना में भगदड़ मच गई।

सम्राट पृथ्वीराज चौहान ने हाथी पर सवार होकर स्थिति को सम्भालने का प्रयास किया और 3-4 घंटों के भयंकर संघर्ष के बाद वह हाथी को छोड़कर घोड़े पर सवार होकर शत्रु का मुकाबला करने लगे।

दिन के तीसरे पहर तक चौहान सेना चकनाचूर हो गई, तभी मोहम्मद गोरी ने

अपनी सम्पूर्ण शक्ति के साथ आक्रमण किया। इस अन्तिम प्रहार को चौहान सेना न झेल सकी और सम्राट पृथ्वीराज चौहान की सेना में उथल-पुथल मच गई।

अन्त में सम्राट पृथ्वीराज चौहान को पकड़ लिया गया और उन्हें कैद कर गजनी ले जाया गया। अजमेर और दिल्ली पर अब तुर्कों (मोहम्मद गोरी) का कब्जा हो गया।

इस प्रकार दोनों सेनाओं के मध्य तराइन का द्वितीय युद्ध हुआ, जिसमें साम-दाम-दण्ड-भेद की नीति से मुहम्मद गोरी की विजय हुई।

कुछ इतिहासकारों का मानना है कि इस युद्ध के समय जब सम्राट पृथ्वीराज चौहान के मित्र चंदबरदाई ने अन्य राजपूत राजाओं से मदद मांगी, तो संयोगिता के स्वयंवर में हुई घटना के कारण उन्होंने ने भी उनकी मदद से इंकार कर दिया।ऐसे में सम्राट पृथ्वीराज चौहान अकेले पड़ गए थे, हालांकि फिर भी सम्राट पृथ्वीराज चौहान ने हार नहीं मानी और मोहम्मद गोरी के साथ युद्ध किया।

उन्होंने अपने 3 लाख सैनिकों के द्वारा मोहम्मद गोरी की सेना का सामना किया, क्योंकि मोहम्मद गोरी की सेना में अच्छे घुड़सवार थे, पृथ्वीराज की सेना को चारों ओर से घेर लिया। ऐसे में वे न आगे पड़ पाये न ही पीछे हट पाये।

उधर जयचंद के गद्दार सैनिकों ने भी राजपूत सैनिकों का ही संहार किया। कुछ विद्वानों का मानना है कि मोहम्मद गोरी को जयचंद का साथ मिल जाने के कारण, कई गुप्त बातें भी पता चल चुकी थीं, यह भी एक कारण था सम्राट पृथ्वीराज चौहान की पराजय का।

राजा जयचंद सोच रहा था कि सम्राट पृथ्वीराज के हार जाने के बाद दिल्ली का शासक उसे बना दिया जाएगा, मगर राजा जयचंद को भी उसकी गद्दारी का परिणाम मिला और उसे भी मार डाला गया।

इस युद्ध में गोविन्दराज तथा अन्य बहुत से प्रसिद्ध सामंत, हजारों सैनिकों के साथ वीरगति को प्राप्त हुए। हसन निजामी के अनुसार, लगभग 1 लाख हिन्दू सैनिक मारे गए थे।

सम्राट पृथ्वीराज चौहान के भाई हरिराज ने मुसलमानों से लोहा लेकर चौहान शक्ति की प्रतिष्ठा को पुन: स्थापित करने का प्रयास अवश्य किया, परन्तु उसे सफलता नहीं मिली।

अब पूरे पंजाब, दिल्ली, अजमेर और कन्नौज में मोहम्मद गोरी का शासन था। इसके बाद कोई राजपूत शासक भारत में अपना राज लाकर अपनी वीरता साबित नहीं कर पाया।

तराइन का दूसरा युद्ध भारत के इतिहास में एक निर्णायक काल और परिवर्तनकारी घटना साबित हुआ। इसके बाद भारत में स्थाई मुस्लिम सत्ता का आरंभ हुआ, इसलिए मोहम्मद गोरी को भारत में मुस्लिम शासन का संस्थापक माना जाता है।

सम्राट पृथ्वीराज चौहान पर यातनाएं

मोहम्मद गोरी से युद्ध के पश्चात् सम्राट पृथ्वीराज को बंदी बनाकर अपने राज्य ले जाया गया। वहां उन्हें बहुत सी यातनाएं दी गयीं। सम्राट पृथ्वीराज चौहान ने अपने छुटकारे के लिए पहले तो बहुत उपाय किये, कई बार वहां से भागना भी चाहा पर वे असफल रहे।

मोहम्मद गोरी ने सम्राट पृथ्वीराज चौहान को मुस्लिम बनने के लिए भी प्रताड़ित किया। अंत में सम्राट पृथ्वीराज चौहान ने भोजन को ही त्याग दिया। काफी यातनाएं सहने के बाद भी वीर सम्राट पृथ्वीराज चौहान मोहम्मद गोरी के सामने झुके नहीं।

मोहम्मद गोरी को देखते ही सम्राट पृथ्वीराज चौहान की आंखें लाल हो गयीं और मुंह से कटु वाक्य निकलने लगे। उन्होंने मोहम्मद गोरी को बीते हुए पल को याद कराया कि किस तरह से तुमने मेरे पैर पर गिरकर माफ़ी मांगी और मैंने तुम्हें माफ़ किया था।ये सब बातें मोहम्मद गोरी को अच्छी नहीं लगी।

दुश्मन के दरबार में भी सम्राट पृथ्वीराज चौहान के माथे पर, किसी तरह की शिकन नहीं थी। इसके बाद भी, वह अमानवीय कृत्यों को अंजाम देने वाले मोहम्मद गोरी की आंखों में आंखें डालकर पूरे आत्मविश्वास के साथ देखते रहे। इसके बाद गोरी ने, उन्हें आंखें नीचे करने का आदेश दिया लेकिन इस राजपूत योद्धा पर, तनिक भी प्रभाव नहीं पड़ा। जिसे देखकर, मोहम्मद गोरी का क्रोध सातवें आसमान पर पहुंच गया और उसने सम्राट पृथ्वीराज चौहान की आंखें, गर्म सलाखों से जला देने का आदेश दिया, जिससे वे अपनी आंखों की रोशनी खो बैठे।

सम्राट पृथ्वीराज चौहान द्वारा मोहम्मद गोरी का वध

युद्ध में हारने के बाद जब सम्राट पृथ्वीराज चौहान और उनके साथी चंदबरदाई को मोहम्मद गौरी के सैनिकों द्वारा बंदी बना लिया गया तो कई दिनों तक जेल में रखा गया। अंत में, उन्हें जान से मार देने का फैसला किया।

इससे पहले कि सम्राट पृथ्वीराज चौहान को मार देने की साजिश पूरी होती, कवि चंदबरदाई ने मोहम्मद गोरी को, सम्राट पृथ्वीराज चौहान के शब्दभेदी बाण चलाने की खूबी बताई कि सम्राट पृथ्वीराज चौहान बिना देखे सिर्फ आवाज सुनकर निशाना लगाने में पारंगत हैं।

चंदबरदाई द्वारा सम्राट पृथ्वीराज चौहान की शब्दभेदी बाण चलाने की खूबी बताने पर, मोहम्मद गोरी जोर से हंसने लगा। और कहने लगा कि भला एक अंधा कैसे बाण चला सकता है लेकिन बाद में, मोहम्मद गोरी अपने दरबार में, एक तीरंदाजी प्रतियोगिता का आयोजन करने के लिए राजी हो गया।

इस प्रतियोगिता में शब्दभेदी बाण चलाने के उस्ताद, सम्राट पृथ्वीराज चौहान ने अपने मित्र चंदबरदाई के दोहों माध्यम से, अपनी अद्भुत कला दिखाई।

हुआ यूँ कि काफी दिनों तक जेल में रखने के बाद सम्राट पृथ्वीराज चौहान को एक दिन मोहम्मद गोरी के दरबार में पेश किया गया, जहां पर मोहम्मद गोरी के द्वारा सम्राट पृथ्वीराज चौहान से कहा गया कि मैंने सुना है कि तुम्हें शब्दभेदी बाण विद्या आती है, मुझे देखना है कि आखिर तुम यह कैसे कर लेते हो।

इस पर चंदबरदाई ने कहा कि जी हां, महाराज सम्राट पृथ्वीराज चौहान जी को शब्दभेदी बाण छोड़ने की कला में महारत हासिल है। यह बात सुनते ही मोहम्मद गोरी ने रोमांचित होकर इस कला के प्रदर्शन का आदेश दिया।

इसके बाद मोहम्मद गोरी के आदेश पर तांबे की बड़ी-बड़ी थालियां पीटी जाने लगीं और सम्राट पृथ्वीराज चौहान ने शब्दभेदी बाण विद्या की सहायता से हर तांबे की थाली पर सटीक निशाना लगाया।

जब सम्राट पृथ्वीराज चौहान से उनकी मृत्यु से पहले आखिरी इच्छा पूछी गयी, तो उन्होंने भरी सभा में अपने मित्र चंदबरदाई के शब्दों पर शब्दभेदी बाण का उपयोग करने की इच्छा प्रकट की और इसी प्रकार चंदबरदाई द्वारा बोले गए दोहों की सहायता से, मोहम्मद गोरी की दूरी और दिशा को समझते हुए, मोहम्मद गोरी के दरबार में ही, उसका वध कर दिया। यह दोहा कुछ इस प्रकार था।

"चार बांस चौबीस गज, अंगुल अष्ट प्रमाण,
ता ऊपर सुल्तान है मत चुके चौहान।"

बस इतना सुनते ही सम्राट पृथ्वीराज चौहान जी ने मोहम्मद गोरी के गले पर निशाना लगाया और फिर तीर छोड़ दिया जो सीधा मोहम्मद गोरी के गले में जाकर लगा, जिसके कारण मोहम्मद गोरी की सिंहासन पर बैठे- बैठे ही मृत्यु हो गई।

सम्राट पृथ्वीराज चौहान और चंदबरदाई की मृत्यु

'पृथ्वीराज रासो' प्रबन्ध चिन्तामणि तथा अन्य हिन्दू एवं मुस्लिम साक्ष्यों में सम्राट पृथ्वीराज चौहान की जीवन लीला के अन्त के विभिन्न प्रकार के विवरण मिलते हैं।

'पृथ्वीराज रासो' के अनुसार सम्राट पृथ्वीराज चौहान के द्वारा शब्दभेदी बाण विद्या की सहायता से मोहम्मद गोरी की उसके ही दरबार में हत्या कर दी गई।

उसके बाद मोहम्मद गोरी के सैनिकों ने सम्राट पृथ्वीराज चौहान और चंदबरदाई को घेरना चालू कर दिया। इस प्रकार तुर्क लोगों के हाथों मरने से अच्छा इन दोनों ने यह निश्चय किया कि यह अपनी जीवन लीला अपने आप ही समाप्त कर लेंगे।

इसके बाद सम्राट पृथ्वीराज चौहान और चंदबरदाई, दोनों ने कटार निकाल

के एक दूसरे के पेट में कटार से वार कर दिया और इस प्रकार से कुछ ही देर में अत्यधिक खून बह जाने के कारण इन दोनों की भी मौत हो गई। दूसरी तरफ जब महारानी संयोगिता को पृथ्वीराज चौहान और चंदबरदाई की मृत्यु की जानकारी हुई तो उन्होंने भी बिस्तर पर लेट-लेटे अपने प्राण त्याग दिए।

परन्तु 'पृथ्वीराज रासो' का यह विवरण ऐतिहासिक दृष्टि से सही नहीं माना जा सकता, क्योंकि मोहम्मद गोरी लम्बे समय तक जीवित रहा था। 'हम्मीर महाकाव्य', 'पृथ्वीराज प्रबन्ध' तथा अन्य साक्ष्यों में मोहम्मद गोरी द्वारा सम्राट पृथ्वीराज चौहान को बन्दी बनाने तथा बाद में उसका वध किया जाने का विवरण मिलता है।

'विरुद्धविधि विदवंश' में सम्राट पृथ्वीराज चौहान के युद्ध भूमि में ही मारे जाने का उल्लेख है। हसन निजामी के अनुसार सम्राट पृथ्वीराज चौहान को बन्दी बनाकर रखा गया, परन्तु जब सुल्तान को पता चला कि वह उसके विरुद्ध षड्यंत्र रचने में लगा हुआ है, तो उसे मरवा डाला।

मिन्हास के अनुसार, "युद्ध भूमि में भागकर जाने के बाद सम्राट पृथ्वीराज चौहान पकड़े गए और बाद में मौत के घाट उतार दिए गए।"

डॉ. दशरथ शर्मा और डॉ. गोपीनाथ शर्मा दोनों का मत है कि सम्भवत: सम्राट पृथ्वीराज चौहान को अजमेर लाया गया और वहाँ उसे सुल्तान के सामंत के रूप में शासन करने को कहा गया, इसी स्थिति में सम्राट पृथ्वीराज चौहान ने मोहम्मद गोरी के विरुद्ध षड्यंत्र रचा हो, जिससे क्रोधित होकर मोहम्मद गोरी ने उसको मरवा डाला।

मोहम्मद गोरी द्वारा जारी की गयी मुद्राओं से भी कुछ ऐसा ही अनुमान लगाया जा सकता है। इन मुद्राओं के एक ओर सम्राट पृथ्वीराज चौहान का और दूसरी ओर मोहम्मद गोरी का चित्र अंकित है। मोहम्मद गोरी द्वारा सम्राट पृथ्वीराज चौहान के पुत्र के अपने आश्रित शासक के रूप में अजमेर का सिंहासन देना भी, इसी विचार का अनुमोदन करता है।

सत्य यह है कि पृथ्वीराज के जीवन का अन्त बड़ा ही दुखपूर्ण रहा। उसकी पराजय ने भारत के भविष्य को ही बदल दिया। अब भारत में मुस्लिम शासन की नींव इतनी मजबूत हो गयी कि हिन्दुओं के लिए उसको उखाड़ना सम्भव न था।

सम्राट पृथ्वीराज चौहान की समाधि

सम्राट पृथ्वीराज चौहान को अफ़ग़ानिस्तान में दफनाया गया और अफ़ग़ानिस्तान में एक परम्परा के अनुसार मोहम्मद गोरी की कब्र को देखने वाले लोग पहले सम्राट पृथ्वीराज चौहान की कब्र को चप्पलों से मारते हैं, उस पर कूदते हैं और फिर मोहम्मद गोरी की कब्र देखने को प्रवेश करते थे।[W3]

शेर सिंह राणा अपने महान सम्राट पृथ्वीराज की कब्र की खोज में अफ़ग़ानिस्तान की ओर निकल पड़ा लेकिन उसे कब्र की जगह के बारे में अनुमान कम था। उसने तो केवल कब्र के अपमानित होने की बात सुनी थी।

शेर सिंह राणा कंधार, काबुल और हेरात होता हुआ अंत में गजनी पहुंच गया जहां पर मोहम्मद गोरी की कब्र का उसे पता चल गया। स्थानीय लोगों को, शेर सिंह राणा को पाकिस्तान का बताकर मोहम्मद गोरी की कब्र को बहाल करने की बात कही गई।

अपनी चालबाजी से शेर सिंह राणा ने सम्राट पृथ्वीराज चौहान की कब्र को खोदकर मिट्टी इकट्ठी की और भारत लेकर आया। उसकी इस उपलब्धि को फोटो और वीडियो में भी रिकॉर्ड किया गया है। सम्राट पृथ्वीराज चौहान का राजस्थान के अजमेर जिले में समाधि स्थल स्थापित किया गया है।

सम्राट पृथ्वीराज चौहान और शेर सिंह राणा

दु:ख तो इस बात का है कि सम्राट पृथ्वीराज चौहान को 900 सालों तक अपने देश की मिट्टी नहीं नसीब हुई। कई बार भारत सरकार से उनकी कब्र को भारत लाने की मांग की गयी पर किसी कारण से ऐसा ना हो पाया, पर एक राजपूत वीर ने सन 2001 में शेर सिंह राणा ने यह कर दिखाया।

तिहाड़ जेल में कैद फूलन देवी की हत्या करने वाले शेर सिंह राणा को जब इस बात का पता चला तो उसने एशिया की सबसे उच्चतम सुरक्षा वाली जेल से भागकर भारत के सम्मान को फिर से भारत लाने के लिए कदम उठाया।

शेर सिंह राणा अफगानिस्तान जाकर सम्राट पृथ्वीराज चौहान की अस्थियों को भारत वापस लाये और उन्हें गंगा में विसर्जित कर उनकी आत्मा को शांति दी।

इतना ही नहीं, शेर सिंह राणा ने सम्राट पृथ्वीराज चौहान की समाधि भी कानपुर के बेवर में बनवाई। वे अवश्य ही सम्राट पृथ्वीराज चौहान के कोई पुत्र रहे होंगे, जिसने अगले जन्म में अपने पुत्र होने का फर्ज निभाया।

सम्राट पृथ्वीराज चौहान का उत्तराधिकारी

कुछ इतिहासकारों का मानना है कि सम्राट पृथ्वीराज को मारने के बाद शहाबुद्दीन गोरी ने उनके अवयस्क पुत्र गोविन्दराज से विपुल राशि लेकर गोविंदराज को अजमेर की गद्दी पर बैठाया। गोविंदराज को अजमेर का राज्य सौंपने के बाद शहाबुद्दीन गोरी कुछ समय तक अजमेर में रहा और फिर दिल्ली लौट गया।

जब शहाबुद्दीन गोरी कुतुबुद्दीन ऐबक को भारत में विजित क्षेत्रों का गवर्नर नियुक्त करके गजनी चला गया, तब सम्राट पृथ्वीराज चौहान के छोटे भाई हरिराज

चौहान ने गोविंदराज को अजमेर से मार भगाया तथा स्वयं अजमेर का राजा बन गया, क्योंकि गोविंदराज ने मुसलमानों की अधीनता स्वीकार कर ली थी। इस कारण गोविंदराज अजमेर से रणथंभौर चला गया।

1194 ई. में हरिराज ने अपने सेनापति चतरराज को दिल्ली पर आक्रमण करने के लिये भेजा। कुतुबुद्दीन ऐबक ने चतरराज को परास्त कर दिया। 1195 ई. में अजमेर पर फिर से मुसलमानों का अधिकार हो गया।

कुतुबुद्दीन ऐबक ने हरिराज की मृत्यु के बाद अजमेर, गोविंदराज को न सौंपकर प्रत्यक्ष मुस्लिम शासन के अधीन ले लिया।

जनकवि जागन ने आल्हाखंड में लिखा है कि -

'बाइस बेटा पृथ्वीराज के छब्बिस कान्हदेव महाराज
शब्दभेद का वो ज्ञाता था राजा अग्निवंश चौहान।'

सम्राट पृथ्वीराज चौहान के आठ बेटे ऊदल ने मारे थे। धीरा, चन्नी और कटैया को गंगाघाट की लड़ाई में, गजमोतिन सती युद्ध में भूरा व हरिराज को, वेलासती युद्ध में गोविन्द, अंगद व चंदन को ऊदल ने ही मार डाला था।

ब्रह्माजीत की शादी पर दो बेटे हूला और बुक्का को ब्रह्माजीत व ढेवा ने मार दिया था। ब्रह्माजीत के गौने पर ब्रह्मा ने ही अतिवल व हंसा को भी मार डाला था।

भुंजरियौ की लड़ाई में रंजीत जो परिमाल का छोटा बेटा था, मरने से पहले सरदन व मरदन को मार चुका था। सिरसा युद्ध में सुलिखे ने सूरज व जंगा को मारा एवं मलिखान ने पांच बेटे पारथ, प्रथा बूंदा, सांगा व गोपी को मार डाला था। साथ ही कान्हा देव के भी पांच बेटे मलिखान ने मार डाले थे।

कुछ इतिहासकारों का मानना है कि सम्राट पृथ्वीराज चौहान के बाकी एक बेटे ताहर को सम्राट पृथ्वीराज चौहान की ही बेटी बेला ने मार दिया था।

ऊदल के साले मकरंध ने कान्हा देव के बचे इक्कीस बेटे मारे थे। जैतखम्ब संग्राम में कान्हा देव को वीरसिंह ने मार डाला था।

सम्राट पृथ्वीराज चौहान को कैद करके आल्हा महोबा ले गया था। आल्हा ने जब सम्राट पृथ्वीराज चौहान को मृत्युदंड की सजा सुनाई तो सम्राट पृथ्वीराज चौहान का मित्र और मंत्री चंदबरदाई रोता हुआ गुरु गोरखनाथ के पास चला गया। उस वक्त गुरु गोरखनाथ महोबा में ही गोरख पहाड़ी पर रहते थे।

गुरु गोरखनाथ आल्हा की बस्ती दसपुरवा आये और आल्हा व उनके बेटे इंदल को योग विद्या से अपना शिष्य बनाकर रात में कहीं निकल गये थे। जब कई दिन तक आल्हा का कहीं पता नहीं चला तब चंदबरदाई के निवेदन पर महोबा की रानी मल्हना ने सम्राट पृथ्वीराज चौहान को जीवित छोड़ दिया।

उसका केवल एक सामंत हाउलीराय जीवित बचा था। सम्राट पृथ्वीराज चौहान ने इन्द्रप्रस्थ पहुंच कर फिर से सत्ता सभाल ली और तेजी से सेना भर्ती कर तीन लाख का दल खडा कर लिया।

गजनी के सुल्तान गयासुद्दीन गोरी के सेनापति/छोटे भाई मोहम्मद गोरी को ज्योंही पता चला कि सम्राट पृथ्वीराज चौहान के सभी सांमतों को आल्हा ने मार डाला है, अब उसकी सेना नातजुर्बेकार एकदम अनाड़ी है, तो वह सम्राट पृथ्वीराज चौहान से बदला लेने हेतु निकल पड़ा।

सन 1192 तराइन के मैदान में गोरी की केवल एक लाख सेना और पृथ्वीराज की 3 लाख सेना में युद्ध हुआ, पर मात्र आधे दिन के युद्ध में सम्राट पृथ्वीराज चौहान कैद हो गए।

मोहम्मद गौरी ने सम्राट पृथ्वीराज की आंखें फुड़वा दीं और पैदल गौर देश ले जाने का हुक्म दिया। कुछ इतिहासकारों का कथन है कि सम्राट पृथ्वीराज चौहान गौर नहीं पहुंच पाए और रास्ते में ही कष्टों से मर गए। कुछ विद्वानों का मानना है कि सम्राट पृथ्वीराज चौहान को जब मोहम्मद गोरी ने हराया था तब उसके वंश में कोई नहीं बचा था।

सम्राट पृथ्वीराज चौहान की पराजय के कारण

विजेता होने के बावजूद भी सम्राट पृथ्वीराज चौहान में दूरदर्शिता व कूटनीति का अभाव था। उन्होंने अपने पड़ोसी राज्यों के साथ मैत्रीपूर्ण सम्बन्ध स्थापित नहीं किये अपितु उनके साथ युद्ध करके शतुता मोल ले ली।

इसी कारण मुहम्मद गोरी के विरुद्ध संघर्ष में उन्हें उनका कोई सहयोग नहीं मिला। सन 1178 ई. में जब मुहम्मद गोरी ने गुजरात के शासक भीमदेव द्वितीय पर आक्रमण किया था, उस समय सम्राट पृथ्वीराज चौहान ने गुजरात की कोई सहायता न कर एक बड़ी भूल की थी।

इसके बाद तराइन के प्रथम युद्ध में पराजित होकर भागती हुई तुर्की सेना पर आक्रमण ना करना, उनकी एक भयंकर भूल सिद्ध हुई थी। मुस्लिम सेना का पीछा न करना, सम्राट पृथ्वीराज चौहान की पराजय का प्रमुख कारण थी।

इसी प्रकार काजी जियाउद्दीन को भेंट-उपहार देकर रिहा करना भी उचित नहीं था, क्योंकि ऐसी उदारता का मेल न तो सैनिक नियमों से था और ना मुस्लिम-युद्ध प्रणाली से।

यदि उस समय सम्राट पृथ्वीराज चौहान शतु सेना पर प्रबल आक्रमण करते, तो मुहम्मद गोरी भारत पर पुनः आक्रमण करने के बारे में कभी नहीं सोचता।

सम्राट पृथ्वीराज चौहान का ऐतिहासिक सच और मूल्यांकन

हमारे हिन्दुस्तान में महान सम्राट पृथ्वीराज चौहान का नाम किसी परिचय या तारीफ का मोहताज़ नहीं है, जैसा कि मैंने आपको बताया कि सम्राट पृथ्वीराज चौहान को 'अन्तिम हिन्दू सम्राट' कहा जाता है।

पृथ्वीराज चौहान एक वीर और साहसी शासक और एक पराक्रमी योद्धा थे। अपने शासनकाल के प्रारम्भ से ही वह युद्ध करते रहे, जो उनके एक अच्छे सैनिक और सेनाध्यक्ष होने को प्रमाणित करता है। अनेक युद्धों में सफलता प्राप्त कर उन्होंने 'दल पुंगल' (विश्व विजेता) की उपाधि धारण की थी।

उस समय ऐसा कोई भी शासक नहीं था जो सम्राट पृथ्वीराज चौहान को हरा सके या उन्होंने कभी कोई युद्ध हारा हो।

तराइन के द्वितीय युद्ध में मुहम्मद गौरी द्वारा छल-कपट का सहारा लेने के कारण ही सम्राट पृथ्वीराज चौहान लड़ाई में हारे थे, बिना छल-कपट किए वह सम्राट पृथ्वीराज चौहान को पराजित कर भी नहीं सकता था।

सम्राट पृथ्वीराज चौहान 'रायपिथौरा' के नाम से भी प्रसिद्ध थे। सम्राट पृथ्वीराज चौहान शाकम्भरी के चौहानों में ही नहीं अपितु राजपूताना के राजाओं में भी महत्त्वपूर्ण स्थान रखते हैं।

सम्राट पृथ्वीराज चौहान ने मात्र 11 वर्ष की आयु में ही अपनी प्रशासनिक एवं सैनिक कुशलता के आधार पर चौहान राज्य को सुदृढ़ीकृत किया। अपनी महत्वाकांक्षाओं को पूर्ण करने के लिए दिग्विजय नीति से भी तुष्ट किया, न केवल वीर, साहसी एवं सैनिक प्रतिभाओं से युक्त था अपितु विद्वानों एवं कलाकारों का आश्रयदाता भी था।

पृथ्वीराज चौहान एक विजेता के साथ-साथ विद्यानुरागी भी थे। क्योंकि उनके दरबार में अनेक विद्वान रहते थे, जिनमें 'पृथ्वीराज विजय' के लेखक जयानक, जनार्दन आशाधर, पृथ्वीभट्ट विश्वरूप, विद्यापति गौड़ आदि अनेक विद्वान, कवि और साहित्यकार उसके दरबार की शोभा बढ़ाते थे।

चंदबरदाई सम्राट पृथ्वीराज चौहान के राजकवि थे। चंदबरदाई का ग्रंथ 'पृथ्वीराज रासो' हिन्दी साहित्य का प्रथम महाकाव्य माना जाता है।

सम्राट पृथ्वीराज चौहान के शासनकाल में 'सरस्वती कण्ठाभरण' नामक संस्कृत विद्यालय में 85 विषयों का अध्ययन-अध्यापन होता था। ऐसे अनेक विद्यालय मौजूद थे जिन्हें राजकीय संरक्षण प्राप्त था। इस प्रकार वह एक महान विद्यानुरागी शासक था।

सम्राट पृथ्वीराज चौहान ने अल्पायु नाम के दुर्ग को सुदृढ़ता प्रदान की ताकि

अपनी राजधानी की शतुओं से रक्षा की जा सके। उसने अजमेर नगर का परिवर्धन कर अनेक मंदिरों एवं महलों का निर्माण करवाया।

राजस्थान के इतिहासकार डॉ. दशरथ शर्मा उसके गुणों के आधार पर ही उसे योग्य एवं रहस्यमयी शासक बताते हैं। वह सभी धर्मों के प्रति सहिष्णु था।

इस प्रकार सम्राट पृथ्वीराज चौहान, राजपूतों के इतिहास में अपनी सीमाओं के बावजूद एक योग्य एवं महत्वपूर्ण शासक रहे। 'पृथ्वीराज विजय' के लेखक जयानक के अनुसार सम्राट पृथ्वीराज चौहान ने युद्धों के वातावरण में रहते हुए भी चौहान राज्य की प्रतिभा को साहित्य एवं सांस्कृतिक क्षेत्र में पुष्ट किया।

सम्राट पृथ्वीराज चौहान ने अपने जीवन काल में दो महत्वपूर्ण लड़ाइयां लड़ी थीं। तराइन का प्रथम युद्ध एवं तराइन का द्वितीय युद्ध, जो कि इतिहास के चर्चित युद्धों में से एक है।

हालांकि तराइन के प्रथम युद्ध में सम्राट पृथ्वीराज चौहान की जीत हुई थी, लेकिन तराइन के द्वितीय युद्ध में छल-कपट के कारण सम्राट पृथ्वीराज चौहान को हार का सामना करना पड़ा था।

इसी युद्ध के बाद भारत में मुस्लिम सत्ता की नींव पड़ी थी। इसके बाद करीब 300 वर्षों तक ऐसा कोई प्रतापी शासक नहीं हुआ, जिसने मुस्लिम आक्रमणकारियों को देश से खदेड़ने में अपनी भुजाओं के बल का प्रयोग किया हो।

उपसंहार

हमारे हिन्दुस्तान में हमारी शिक्षा प्रणाली ने हमें कभी भी सही तरीके से हमारा गौरव पूर्ण इतिहास नहीं बताया है। यह हमारे देश और हम सबका दुर्भाग्य है कि हमें कभी भी यह नहीं पता चल सका कि हमारे अपने देश में लोग कैसे थे या फिर कितनों ने राज किया, ये सारी बातें कुछ ही लोगों को पता होंगी।

भारत के भाग्य में शुरू से ही फूट रही है, इस फूट के कारण कितने ही घर बर्बाद हो गए थे और और हो रहे हैं, इस फूट की आग में पृथ्वीराज चौहान भी नहीं बच पाये।

पृथ्वीराज के अध्य:पतन का यह पहला कारण था, इस फूट ने ऐसा भयानक आकार धारण कर लिया था कि आपस के विद्रोह ने भयानक धूम मचाई और कलह को जन्म दिया।

सम्राट पृथ्वीराज चौहान की वीरता से कई राजा बहुत दुखित रहते थे और उन्हें नीचा दिखाने में लगे रहते थे, जरा-जरा सी बात में तलवार निकाल लेना और बात-बात पर लोगों को मार गिराना, पृथ्वीराज को अध्य:पतन की ओर धकेलने लगा था।

ये सब बातें आपको सम्राट पृथ्वीराज चौहान के पिछले भागों को पढ़ने से पता

चल ही गई होंगी। सम्राट पृथ्वीराज चौहान ने तो अपना साम्राज्य बढ़ाने के लिए कई राज्यों की राजकुमारियों से शादी की, ताकि उन राज्यों के राजाओं को पृथ्वीराज की गुलामी कुबूल करनी पड़े।

यह साम्राज्य बढ़ाने का बहुत साधारण-सा तरीका होता था, पर यह उनके विपरीत ही हुआ, कई राज्यों से लड़ने के बाद जीत तो उनकी ही हुई, पर यह जीत उन्हें बहुत महँगी पड़ी, उनके सभी नामी योद्धा मारे जाने लगे।

अगर क्षत्रिय जाति में बहुपत्नी का चलन न होता तो सम्राट पृथ्वीराज चौहान के कई योद्धा जीवित रहते और मोहम्मद गोरी कभी भी अपना साम्राज्य भारत पर नहीं फैला पाता।

सम्राट पृथ्वीराज चौहान ने कई विवाह किये और कुछ विवाहों को छोड़ दें, तो ऐसा कोई विवाह नहीं है जिसमें दो चार हज़ार मनुष्यों की प्राण आहुति न हुई हो। यह सम्राट पृथ्वीराज चौहान के अध्य:पतन का दूसरा कारण था।

सम्राट पृथ्वीराज चौहान के अध्य:पतन का तीसरा कारण था कि सम्राट पृथ्वीराज चौहान जितने वीर थे, वे उतने ही अन्दर से हृदय के कमजोर थे। दया भाव उनमें कूट-कूट कर भरा हुआ था। वे मुहम्मद गोरी के मगरमच्छ के आंसुओं को समझ नहीं पाए और बार-बार उन्हें माफ़ करते चले गए।

मानती हूँ कि शास्त्र में लिखा है कि क्षत्रिय धर्म के अनुसार झुकी गर्दन पर तलवार नहीं उठाई जाती है, या फिर किसी निहत्थे पर वार नहीं किया जाता है, यह गुण तो सम्राट पृथ्वीराज चौहान को याद थे, पर शास्त्र की ये बातें उन्हें क्यों याद नहीं आयीं कि सांप को अधमरा नहीं छोड़ा जाता। यदि सांप को ना मारा जाए या उसका सिर अच्छी तरह से ना कुचला जाए तो वह वापस अवश्य ही काटता है।

सम्राट पृथ्वीराज चौहान ने बिना कारण ही चामुंडराय को कारागार में डलवा दिया था। इसके अतिरिक्त सम्राट पृथ्वीराज चौहान को ठीक तरीके से राज शासन नहीं करना आया और भी कितने ही सारे कारण थे जिनके कारण उन्हें अपने देशरक्षकों से हाथ धोना पड़ा था।

यहाँ तक जो होना था वह तो हो ही गया, पर सम्राट पृथ्वीराज चौहान के कितने ही वीर योद्धा राजकुमारी संयोगिता के अपहरण में मारे जा चुके थे, पर उस समय भी भारत की भूमि आज जैसी वीर शून्य नहीं हुई थी, इतना होने के बावजूद सम्राट पृथ्वीराज चौहान के पास और भी कितने ही वीर योद्धा बाकी थे और उनके कारण भारत स्वतंत्रता की सांसें ले रहा था।

अगर सम्राट पृथ्वीराज ने बहुपत्नी या फिर केवल राजकुमारी संयोगिता का हरण ही न किया होता तो शायद कभी भी मुसलमान हमारे भारत में नहीं आ पाते, राजा जयचंद से युद्ध के बाद ही उनकी ताकत खत्म होने लगी थी।

यदि सम्राट पृथ्वीराज चौहान राजकुमारी संयोगिता को लाने के बाद एकदम से उनके प्रेम जाल में न फँसकर, राज्य के काम को अच्छी तरह से देखते और राज्य का शासन किसी और को न देते हुए, खुद ही सँभालते तो उनकी हार कभी भी संभव न थी।

एक तरह से सम्राट पृथ्वीराज चौहान ने खुद ही अपनी पैर में कुल्हाड़ी मार ली थी, वरना सम्राट पृथ्वीराज चौहान को हरा पाना मोहम्मद गोरी के वश में कभी भी न था।

सम्राट पृथ्वीराज चौहान ही क्यों, सभी राजाओं में यही बात उस समय घर कर गयी थी, जिसके कारण भारत को परतंत्रता का मुंह देखना पड़ा।

अन्त में महान सम्राट पृथ्वीराज चौहान के अन्त के साथ ही साथ हिन्दू साम्राज्य का भी अन्त हुआ और समस्त पिथौरागढ़ शोक में डूब गया। सभी को मालूम हो गया कि अब दिल्ली में शत्रु किसी भी वक़्त आते होंगे।

सम्राट पृथ्वीराज चौहान की मौत की खबर सुनते ही महारानी संयोगिता और उनकी अन्य रानियों ने सती होने की राह अपनाई, इधर सम्राट पृथ्वीराज चौहान का पुत्र रेणु सिंह मुसलमानों से लड़ता हुआ वीर गति को प्राप्त हुआ, और समस्त भारत परतंत्रता की जंजीर में बंध कर रह गया।

उधर अन्य कई मुसलमानों की सेना द्वारा दिल्ली लूटी जाने लगी। नगर निवासियों के कत्ल किये जाने लगे, दिल्ली नगरी को शमशान घाट बना दिया गया।

अनेक मुसलमान शासकों के भारत आने का मार्ग खुल गया था क्योंकि अब उन्हें यहाँ रोकने वाला कोई न था। अजमेर, दिल्ली और कन्नौज को लूटने के बाद मुसलमानों ने बनारस को लूटा, और इस तरह भारत के कितने ही प्रदेश मुसलमानों के अधीन हो गए।

हमारी कमजोरी ने ही उन्हें यहाँ आने का आमंत्रण दिया था। जो भी हो पर यह बात तो पक्की थी कि जब तक हमारे देश में सम्राट पृथ्वीराज चौहान और उनके दोस्तों जैसे वीर, हिन्दुस्तान की धरती पर थे, बाहरी लोग इधर आँख उठा कर देख नहीं पाए, पर आपस में ही कुछ मतभेद और गलतियों के कारण ही हमारा हिन्दुस्तान परतंत्रता की जंजीर में लगभग 800 सालों तक बंधा रहा।

अपने इस लेख द्वारा मैंने महान सम्राट पृथ्वीराज चौहान के जीवन के कुछ महत्वपूर्ण अंशों को आप सब लोगों तक पहुंचाने की कोशिश की है।

■■■

www.ingramcontent.com/pod-product-compliance
Ingram Content Group UK Ltd.
Pitfield, Milton Keynes, MK11 3LW, UK
UKHW041821200726
13854UKWH00001BA/431